潜伏キリシタンは何を信じていたのか

Kentaro Miyazaki
宮崎賢太郎

角川書店

潜伏キリシタンは何を信じていたのか

はじめに

命がけで信仰を守り通した？

筆者の住む長崎県では一〇年越しに、長崎県下のキリスト教関連遺産を世界遺産として登録しようという運動が展開されてきた。二転三転、紆余《うよ》曲折を経て、二〇一六年（平成二八）ようやくイコモス（ユネスコの諮問機関のひとつである国際記念物遺跡会議〈International Council on Monuments and Sites〉の略称）のアドヴァイスも得て、タイトルも最終的に「長崎と天草《あまくさ》地方の潜伏キリシタン関連遺産」と決まり、二〇一八年（平成三〇）の正式登録に向けて秒読みの段階に入っている。

「潜伏キリシタンは幕府の厳しい弾圧にも耐え、仏教を隠れ蓑《みの》として命がけで信仰を守り通した」というフレーズが世界遺産登録運動のキャッチコピーであり、従来のキリシタン物語ドラマの定番ストーリーとなっている。このようなフレーズをテレビや雑誌や新聞などを通して、くり返しくり返しシャワーのように浴びているうちに、違和感はまったくなくなってしまう。一種の洗脳効果であろうか、その言葉に何ら疑念を抱くことすらなくなり、むしろ心地よささえともなって耳に響いてくるから不思議である。

彼らが本当に仏教を隠れ蓑として、すなわちキリシタンを唯一の真の宗教と信じて信仰を守り通してきたのかどうか、私はかねてこの点に疑問を抱いていた。潜伏時代は一六四四年（正保元）から一八七三年（明治六）まで、約二三〇年の長きにわたるが、その間ひとりの宣教師もいなかった。俗に隠れキリシタンと呼ばれている人々は、ひとりの指導者も持たない信徒たちであった。

キリスト教がどのような宗教であるか説いてくれるひとりの指導者もいない悪条件下で、仏教や神道は偽りの宗教であり、キリスト教以外に救いはないとはっきり理解できていたのであろうか。キリスト教における父なる神デウスとはどのような神なのか、子なるイエスという神は、聖霊とは、そしてそれら三つのペルソナが一つとなって作られているというキリスト教の三位《さんみ》一体の神とはいかなるものか。オラショと呼ばれる祈りの言葉や、様々な行事の意味なども理解できていたのであろうか。

理解するためには、まだ宣教師たちが生き残っていたキリシタン時代に、よほど深くキリスト教の教えに接していなければ不可能であろう。その当時、日本全国に散らばっていた宣教師の数はほんのわずかであり、一般民衆が宣教師と接触する機会はほとんどなかった。あったとしても、彼らのたどたどしい日本語では、どの程度まで教えを伝えることができたであろうか。また民衆側も初めて接する新しい宗教の教えを一、二度耳にしただけで、これが唯一の正しい宗教と得心できたのであろうか。

本論の中で詳述するが、多くの民衆層はキリシタン大名の命令によって、キリスト教のことはほとんど何も知ることなく、集団改宗によって洗礼を授けられたのである。決してみずからの意思によって仏教や神道を捨て、キリスト教を選んだというわけではなかった。ほとんど何の情報も与えられなかったのであるから、選びようもなかった。大多数の民衆のキリシタンへの改宗は、信仰の問題ではなく政治の問題であった。

だとすれば、「仏教を隠れ蓑として秘かにキリスト教の信仰を守り通した」という定番のストーリーは、史実にはほど遠いものではなかろうか。ただ殉教者が多数出たことは事実であり、命をかけて守り通そうとするモチベーションがなにか他にあったことはまちがいない。

「キリシタンの信仰を守り通した」というストーリーが史実でないとすれば、それは後世だれかが、なんらかの意図をもって創作したということになる。その創作はむしろん悪意などによってではなく、明治維新期以降の日本人の西洋文化に対する憧《あこが》れの心情が生み出した。迫害され、虐げられ、殉教した弱者キリシタンたちに対する共感が、夢とロマンに包まれた、限りなく感動的な美しい物語を作りあげたのである。夢とロマンは人間にとって大切な、失ってはならないものであるが、それを史実と認めることはできない。

民衆の立場からキリシタン史を見直す

筆者はこれまで四〇年あまりにわたり、日本人がキリスト教といかに出会い、為政者の権力の下で、改宗―迫害―殉教―背教―潜伏―復活と、歴史の荒波に翻弄《ほんろう》されながら展開されてきたそのドラマのシナリオを読み込む作業を続けてきた。

日本にキリシタンが伝来してより、迫害による潜伏時代を経て、再び明治初期に解禁を迎えるまでのキリシタンの信仰の姿を文献によって考察し、明治以降、現在まで長崎県下にのみわずかに残るカクレキリシタン信仰のもっとも奥深いところにあるものを解明しようと、三〇年あまりにおよぶ宗教民俗学的調査研究を行ってきた。カクレキリシタンについては本書第八章でふれるが、あわせて拙著『カクレキリシタンの実像　日本人のキリスト教理解と受容』（吉川弘文館）を参照されたい。

時間軸に沿ってキリスト教伝来より現代にいたるまで、四五〇年あまりにわたるその歴史をみていこうとすると、どうしても中間に位置する二五〇年の空白の潜伏時代が大きな壁となってたちはだかってくる。そこで今に生き続けているカクレキリシタンの信仰のありようをみつめることによって、現在から過去にさかのぼり、潜伏時代の空白をいくらかでも埋めることができるのではないかと考えたのである。

長崎県下のカクレキリシタンは、ひさしく組織崩壊が進行し、今まさに長い歴史の幕を閉じようとしている。カクレキリシタンが現存しているということを聞いて、なぜこの自由な日本で今でも隠れてキリスト教を信仰しているのかと、いぶかしく思われる方も少なくないかもしれない。むろんカクレキリシタンは隠れてもいなければキリスト教徒でもない。このような現実と認識のずれはどこから生じたのであろうか。

カクレキリシタンの調査結果は、筆者の中で日本のキリスト教の歴史ドラマをフィクションからノンフィクションに仕立てなおすのに大いに役立った。何の虚飾もなく目の前で繰り広げられるありのままの人々の営みは、いかなるフィクションにもまさるリアリティーをもって迫ってくる。

これまで扱ってきた研究テーマを振り返ってみると、個別的で直接的に絞り込まれたものと、長期間にわたり様々なテーマを追求していくなかで、しだいにみえてくるようになってきた幅広い包括的なものとがある。

その広く大きなテーマは、最初から明確な意図をもって追求してきたわけではなく、個別的な研究を積み重ねていくうちに、日本のキリスト教史の実像をあきらかにする急所はどこなのか、というようなことがおのずからみえてくるようになった気がする。すると、なぜこれまで日本におけるキリスト教の歴史は、かくも美しい夢とロマンと幻想のベールに覆われ続けてきたのかということが気になりだした。

本書二一頁の日本キリスト教史略年表に示したように、キリシタン伝来当初の約一〇〇年間のキリシタン時代から、禁教令によって信徒だけとなった二三〇年間の潜伏時代を経ての復活時代、そして明治から現在にいたるまで続いているカクレキリシタンまで、その歴史について語られてきた通説のようなものをいったん白紙に戻し、可能な限り史実に近づいていくためのあらたな道を模索してみたいと考えている。

そのさい、従来あまり光をあてられることのなかった、しかし、数の上では圧倒的多数を占める、一般民衆とキリスト教のかかわりに着目して論じてみようと思う。これまで日本におけるキリスト教の歴史の表舞台に立ったのは、宣教師や殉教を遂げたようなごく限られた一部の武士や知識人層が主体であった。

それに対し、本書では記録にもほとんど残っていないような、民衆キリシタンたちを主役に抜擢《ばってき》し、日本人とキリスト教が織りなしてきた歴史についての、新たなシナリオを描いてみようというわけである。したがって従来のドラマに関する新解釈というよりは、従来とは異なる登場人物たちによる、まったく新しいドラマといった方がふさわしいかもしれない。既存のドラマのストーリーはいったん頭の中から消去し、新しいドラマとしてお読みいただければ幸いである。

ここでいう民衆とは、支配的な権力・地位・財力や、特別な能力・学力・才能・業績・功績などをもつ、選ばれたごく一部のエリートではなく、歴史に名前も残らないような一般庶民といった意味で用いている。

本書は、これまでなんら疑問をいだく余地もないと思われてきた定説のようなものにたいし、常識という自縛から解き放たれ、民衆という新たな視点からみなおしてみようとするものである。そこから新しい地平が開けてゆき、日本人はキリスト教をどのように理解したのか、日本人が受容したキリスト教とはいかなるものであったのか、その真の姿がいくばくかでもあきらかになっていけばと願っている。

潜伏キリシタンは何を信じていたのか　目次

※本文内において、正式なキリスト教の場合は「マリア」、カクレキリシタンの場合は「マリヤ」と使い分けた

第一章

夢とロマンのキリシタン史

日本におけるキリシタンの歴史は、江戸幕府の厳しい禁教政策によって、日本の宗教史の中でも類例を見ないほどの徹底した迫害をこうむった。それに対して、宣教師たちも信徒たちも殉教をも辞さない強い信仰を示し、潜伏してまでもその信仰を守り通したという悲しくも美しい物語が世間一般に広く流布している。この夢とロマンに満ちたキリシタン史観はいったいどこから生まれてきたのか、まずはその謎解きを試みることにしよう。

日本キリスト教の七不思議

筆者は大学浪人時代に遠藤周作《えんどうしゅうさく》の代表的な純文学作品『沈黙』（新潮社、一九六六年）と出会い、おおきな刺激を受けた。「命を捨てても信仰を守り通すべきなのか、命を守るためには、棄教（棄教のふり）もいたしかたないのか」。この問いに神は何と答えるのか。むろん神は「沈黙」したまま答えてくれるわけではない。

キリシタン時代の日本人は、キリストが生まれたユダヤという国がどこにあったのか、誰も知らなかった。罪人として十字架にはりつけにされて殺された人物が、世界中でただ一人のホンモノの神であるという話を聞いたとき、当時の日本人はどう思ったであろうか。

キリシタンに改宗した日本人は、それまで慣れ親しんできた日本の諸神仏をニセモノの神として否定し、ありがたいご先祖様の位牌《いはい》、仏壇を焼き捨てることができたのであろうか。キリシタン弾圧が始まると、武士層から民百姓にいたるまで、厳しい拷問にも耐え、多くの日本人が一度もみたこともないキリストという名の罪人として処刑されたひとりの男のために、なぜ命まで捧《ささ》げて殉教できたのであろうか。

こうしてすこし考えただけでも次から次へと疑問がわいてくる。世の中は珍しいもの、不思議なできごとなど、おおくの謎にみちあふれている。俗になんとかの七不思議と呼ばれるものは星の数ほどある。日本におけるキリスト教も、今述べたことも含め、さまざまな謎にみちている点ではおくれをとってはいない。筆者がつね日頃不思議に思っている、日本のキリスト教にかんする七大疑問をあげてみよう。

①キリシタンに改宗した人たちはどれほどキリスト教のことを理解していたのか
②キリシタンの殉教者は誰のために、何のために命を捧げたのか
③長い潜伏時代、信徒たちだけでどうやって信仰を守り伝えることができたのか
④この平和な日本に、なぜ今でも隠れキリシタンがいるのか
⑤日本の大学の一〇校に一校はミッション校で、多くの若者がキリスト教に接しているのに、なぜ信徒数は一％にも満たないのか

⑥日本ではクリスチャンといえば敬虔《けいけん》でまじめな堅苦しい人種と思われているのはなぜか

⑦キリスト教の信者でもない日本人が、クリスマス、イースター（復活祭）、バレンタインデー、ハロウィーンなどを祝い、教会で結婚式を挙げたがるのはなぜか

まあこんなところだろうか。ここでこれらの七つの疑問にたいし、筆者なりの解答を結論だけ示しておこう。

①強制的に集団改宗させられた大多数の民衆層のキリシタンたちは、キリスト教についてほとんど何も知らなかった

②宣教師や少数のキリシタン信仰に目覚めた人たちを除けば、キリスト教への信仰のために殉教したわけではなかった

③潜伏キリシタンたちが守り通してきたのはキリスト教信仰ではなく、いかなるものかよく知らないが、キリシタンという名の先祖が大切にしてきたものであった

④今でも長崎県下平戸《ひらど》市の生月《いきつき》島、長崎市郊外外海《そとめ》の出津《しつ》町・黒崎《くろさき》町、五島《ごとう》列島の福江《ふくえ》島・上五島の若松《わかまつ》町にごくわずかながらカクレキリシタンが存在する。しかし、世間一般にイメージされているような、「今でも隠れてキリスト教の信仰を

守り続けている」という意味での隠れキリシタンではない。彼らには隠れているという意識はまったくなく、またその信仰の中身もキリスト教と呼ばれるようなものではなく、先祖崇拝的傾向の強いきわめて日本的な民俗宗教である

⑤西洋伝来のキリスト教を日本の諸宗教と習合させれば、本物のキリスト教ではなくなるとして、日本化を頑《かたく》なに拒み続けているから

⑥キリスト教は隣人を愛し、罪を避けることを強く説いている宗教なので、受洗したクリスチャンは、善良で敬虔にちがいないと思い込んでしまっているから

⑦非キリスト教徒がクリスマスを祝ったり、教会で結婚するのは、信仰の表現ではなく、単なるおしゃれ感覚、遊び感覚で楽しんでいるだけだから

日本のキリスト教の七不思議として取り上げたこれら七つの疑問は、次の二点に集約される。

(1)　キリシタン伝来（一五四九年）より禁教・弾圧・潜伏の時代を経て、キリスト教解禁（一八七三年）となるまでの三二四年間、民衆キリシタンたちはどれほどキリスト教のことを理解できていたのか。殉教者たちは本当にキリストのために命を捧げたのか。

(2)　江戸時代の長いキリシタン弾圧により、明治以降もキリシタン邪教観は容易に一掃されなかったが、キリスト教は進んだ西洋文化のシンボルとして、広く日本人に肯定的に迎えられた。一方で現在隣国の韓国では、キリスト教信徒数が総人口の三〇％を占めるにいたっているのに、日本における信徒数は一％にも満たないのはなぜなのか。

これら二つの疑問を解き明かしていくことで、日本人とキリスト教の関係がみえてくるのではなかろうか。

日本キリスト教史の時代区分

四五〇年余におよぶ日本におけるキリスト教史の簡単な見取り図を示しておく。

まず日本のキリスト教の歴史を大きく三期に分けてみる。

第一期はザビエルによって日本にキリシタンがもたらされて以来、一六四四年（正《しょう》保《ほう》元）までの約一〇〇年間とする。これまで「キリシタン時代」とか「キリシタンの世紀」と呼びならわされてきた。

その前半は、キリシタンの発展期で、少なくとも数の上では急速な伸展をみせた。キ

日本におけるキリスト教史

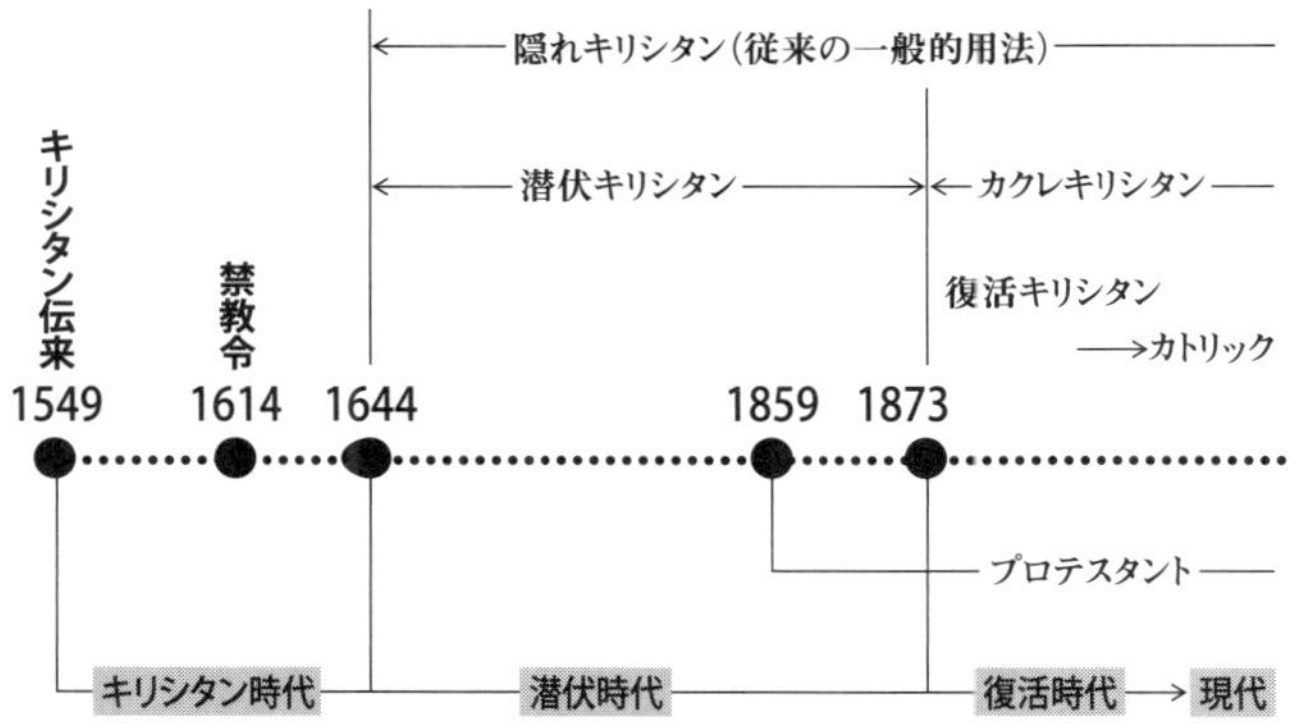

リシタン時代の後半になると、一六一四年二月一日（慶長《けいちょう》一八）日本全国に徹底したキリシタン禁教令が発布され、厳しい迫害と殉教の時代を迎えた。

第二期の「潜伏時代」は一六四四年、最後まで生き残っていた宣教師小西《こにし》マンショの殉教によって始まる。その後一人の指導者もいない信徒だけの時代に入り、一八七三年（明治六）まで約二三〇年の長きにわたって続いた。この時期のイメージとして、「仏教や神道を隠れ蓑《みの》として秘かにキリシタンの信仰を守り通した」というフレーズがすっかり定着しているが、果たしてそれは事実だったのか。本書の主要な論点のひとつである。

一八七三年、明治政府はキリシタン禁教令を取り下げ、実質的に信仰の自由の時代を迎える。ここから第三期「復活時代」が始まり、現代にいたっている。禁教令撤廃後、カトリック教会に帰属するようになった者を「復活キリシタン」と呼ん

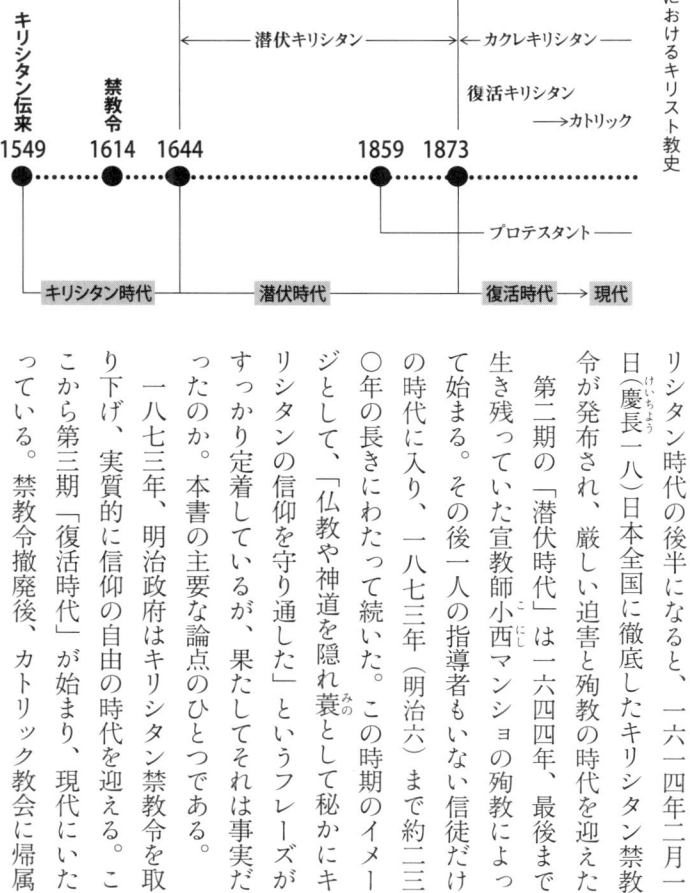

でいる。今日の日本のカトリック信徒の源流である。

ここで留意しておいてもらいたい言葉の使い方がある。略年表の最上段にある、「隠れキリシタン」、「潜伏キリシタン」、「カクレキリシタン」である。学術的な世界でも、マスコミの世界でも、最も一般的に用いられているのが、残念なことに「隠れキリシタン」という呼称である。

もしこの言葉を用いるとすれば、江戸初期の一六四四年から現代にいたるまで、なんと三七〇年の長年月にわたり、一貫して「隠れてキリシタンの信仰を守り通してきた」人たちがいることになる。それが歴史的事実ならば、キリシタンの七不思議の筆頭にも挙げるべきであるが、実際にはそのような奇跡は起こらなかった。「隠れキリシタン」という史実にそぐわない言葉がひろく用い続けられてきたことによって、歪《ゆが》められたキリスト教の歴史像がすっかり定着してしまっている。

その用語と史実間のずれを少しでも軽減すべく、かねてより筆者は次のように提言してきた。

一六三五年（寛永一二）前後から寺請《てらうけ》制度が開始され、すべての日本人はどこかの寺の檀家《だんか》となることを強制され、寺社との関係を持つことが義務付けられた。一六四四年（正保元）最後の宣教師が殉教し、それからは日本にはひとりも宣教師がいなくなった。そのような信徒だけとなった状況下で、日本の神仏信仰とキリシタン（キリシタン風）の信仰を併せ行った人々を「潜伏キリシタン」と呼ぶ。

一八七三年キリシタン禁教令が撤廃され、実質的にキリスト教は解禁となり、潜伏時代のように寺社との関係を続ける必要がなくなったにもかかわらず、その後もその関係を保ち続け、今日に至っている人々を「カクレキリシタン」と呼び、「潜伏キリシタン」と明確に区別する。

ただし、先述したように、カクレキリシタンは文字通り隠れているわけではないので、表意文字である漢字を用いた「隠れキリシタン」という表記法は不適切である。このように両者の差異をはっきりと認識し、区別することが大切であると筆者は考えており、以後本書でもこれらの語を厳密に使い分けていく（詳しくは拙著『カクレキリシタン』参照）。

夢とロマンの町長崎

二〇一五年三月一七日、長崎の大浦《おおうら》天主堂で、潜伏していた浦上《うらかみ》のキリシタン信徒発見一五〇周年の記念の祝いがとりおこなわれた。浦上のキリシタン信徒発見は、一八六五年（慶応元）完成したばかりの大浦天主堂内で、プチジャン神父と二〇年にわたって禁教を強いられてきた浦上の信徒が再会し、潜伏していたキリシタンたちが晴れてカトリック教会に復帰する端緒となった記念すべきできごとである（詳しくは本書第五章参照）。二〇一五年は、長崎のみならず、全国各地でさまざまな記念のイベントがおこなわれた。

また長崎では絶好のタイミングで、夢とロマンの一大プロジェクトが実現に向けて強力に推進されつつある。そのプロジェクトとは、「はじめに」でも少しふれた二〇〇七年から取り組みがはじめられた、「長崎の教会群とキリスト教関連遺産」をユネスコの世界遺産に登録しようとする運動である。

二〇一四年九月、日本政府によって世界文化遺産候補に推薦された。その後、いったん取り下げられ、イコモス（国際記念物遺跡会議）のアドヴァイスの下に、国内候補として再推薦された。「もっと禁教期を重視すべき」という指摘を受け、名称も「長崎と天草地方の潜伏キリシタン関連遺産」と変更され、二〇一八年夏の世界遺産委員会における本登録審査を待つばかりになっている。

一九八一年、ローマ教皇ヨハネ・パウロ二世が来崎した折、長崎市内の野球場で、降り続く大雪の中、四万七〇〇〇人の信徒による野外歓迎ミサが行われた。筆者がキリスト教とはまったく異なる、先祖代々の信仰を守り伝えている長崎県下のカクレキリシタンの研究を開始したのは五年後の一九八六年（昭和六一）のことであった。長崎県平戸島の北にある生月島《いきつき》を中心として、長崎県下に現存するカクレキリシタンの調査研究に着手したのは三〇年も前のことになる。

平戸島から生月島に向かう車中、五島列島に渡る船の中、町中の店や、宿の観光パンフレットなど、いたるところで目に飛び込んできたある言葉が、今でも鮮明に記憶に残っている。その言葉とは「歴史とロマンの島」、「祈りと癒《いや》しの島」といったキャッチフレーズである。気になり始めると、長崎のいたるところに「ロマンの……」という言葉が満ちあふれていることに気がついた。

二〇一三年に廃止となってしまったが、長崎と大阪を結ぶ、日本で唯一の公営の夜間高速バスの愛称は「ロマン長崎号」であった。現在これに代わって長崎と宮崎間に、高速バス「ブルーロマン号」が走っている。

これまで長崎は県の後援と、長崎市・長崎市商工会議所・長崎新聞社・長崎国際観光コンベンション協会などの共催で、ミス長崎コンテストを行ってきた。二〇〇〇年からは「ミス長崎」という名称を廃止し、「ロマン長崎」と改めた。

長崎大学の合唱サークルの名前は「ロマンツアー合唱団」、地元で人気の菓子は「夢とロマンの銘菓　長崎物語」。長崎のもう一つの世界遺産のキャッチフレーズは「夢とロマンの廃墟《はいきょ》の島！　長崎の軍艦島《ぐんかんじま》」、長崎市内タクシー観光モデルコースは「異国ロマンコース」、お茶の銘柄に「幕末・長崎歴史ロマン龍馬《りょうま》の茶」、パチンコ業界のN

ＰＯ法人名が「長崎ロマン遊技事業協会」等々枚挙にいとまがない。

ロマンとは広辞苑によれば、「夢や空想の世界にあこがれ、現実を逃避し、甘い情緒や感傷を好む傾向」とある。むろんロマン好きは長崎人に限ったことではなかろうが、「南蛮―異国情緒―キリシタン」といった要素が、日本人のロマンティックな心の琴線に触れたことは間違いなさそうである。ことに長崎とロマンのイメージがしっくりと結びつくのは、長崎があこがれの西欧文化流入の窓口であり、悲しいキリシタン殉教のメインステージであったからであろう。

第一次南蛮（キリシタン）趣味ブーム

日本人にとってキリスト教（キリシタン）がロマンの対象として広く世に紹介されたのは、紀行文『五足の靴』が最初である。一九〇七年（明治四〇）、与謝野鉄幹《よさのてっかん》（歌人）、北原白秋《きたはらはくしゅう》（詩人・歌人）、木下杢太郎《きのしたもくたろう》（医学者・詩人・劇作家）、平野万里《ひらのばんり》（歌人・詩人）、吉井勇《よしいいさむ》（歌人・脚本家）の五人の若き文学者たちが平戸、長崎、島原《しまばら》、天草などの史跡を巡り、長い迫害の苦難を乗り越えてきたキリシタンの歴史に接して深い感動を覚え、新聞紙上に寄稿したものである。

北原白秋の処女詩集『邪宗門《じゃしゅうもん》』（一九〇九年）や、木下杢太郎の戯曲『南蛮寺門前《なんばんじもんぜん》』

天草下田の五足の靴記念碑
立っているのが白秋、
右から木下、吉井、与謝野、平野

（一九一四年）など、南蛮情緒、切支丹趣味に満ち、ロマンティシズムあふれる耽美《たんび》主義的な作品が数多く発表された。広く一般に「南蛮（キリシタン）趣味」が流行し、一世を風靡《ふうび》したのである。

邪宗門秘曲（北原白秋『邪宗門』）
われは思ふ、末世の邪宗、切支丹《きりしたん》でうすの魔法。
黒船の加比丹《かぴたん》を、紅毛の不可思議国を、
色赤きびいどろを、匂鋭《においと》きあんじやべいいる、
南蛮の桟留縞《さんとめじま》を、はた、阿刺吉《あらき》、珍酡《ちんた》の酒を。
（注：でうす＝天主　加比丹＝船長　紅毛＝オランダ・イギリス　びいどろ＝ガラス　あんじやべいいる＝チューリップ　桟留縞＝印度のサントメ産綿縞織物　阿刺吉＝蒸留酒　珍酡の酒＝赤ブドウ酒）

木下杢太郎は詩人・劇作家の傍ら、東京帝国大

学医学部教授まで務めたインテリで、『えすぱにや・ぽるつがる記及び初期日本吉利支丹宗門に関する雑稾』（岩波書店、一九二九年）、『日本吉利支丹史鈔』（中央公論社、一九四三年）のキリシタン研究書を著している。『広辞苑』で有名な新村出《にいむらいずる》は、『吉利支丹文学集』（筑摩書房、全二巻、一九七一年）、『南蛮更紗《さらさ》』（改造社、一九二四年）、『南蛮廣記 正・続』（岩波書店、一九二五年）をはじめ、多数のキリシタン研究書を著し、キリシタン研究のパイオニアの一人である。

キリシタン研究を学術的なレベルにまで一気に引き上げたのは、東京帝国大学文学部に宗教学講座を開き、同大学図書館長・貴族院帝国学士院会員議員も務めた姉崎正治《あねさきまさはる》である。『切支丹伝道の興廃』（同文館、一九三〇年）をはじめ、五冊のキリシタン研究書は不朽の名著であるが、キリシタンに対する共感的な姿勢が行間ににじみ出ている。その他にも日欧通交史、日本・東南アジア関係史の権威である村上直次郎（東京帝国大学史学科卒業、東京外国語大学校長・東京芸術大学校長・上智大学学長、帝国学士院会員）、岡本良知（『十六世紀日欧交通史の研究』弘文荘、一九三六年）らがいる。

当時の第一級の文化人であった彼らがなぜキリシタンにロマンを感じたのであろうか。これは筆者の仮説にすぎないが、日本人には古来、弱き者、虐げられた者、薄幸な者などに対して同情を寄せる、特有の優しい情緒的、ロマン的な気質が強く備わっているように思う。それとともに、文明開化の波に乗って押し寄せてきた、進んだ欧米の文化に対する憧《あこが》れが、夢とロマンとなって重なり、再渡来したキリスト教に投影されたのではなかろうか。

キリシタンは長年月にわたり「邪宗門」として、徹底した差別・弾圧・忌避の対象であった。キリシタンバテレンは南蛮の妖術《ようじゅつ》を使い、呪文《じゅもん》のようなオラショ（祈禱《きとう》文）を唱え、外道《げどう》の法に仕え、人々をたぶらかし地獄へ引き入れる天狗《てんぐ》と恐れられていた。バテレンは肉食の習慣から「人肉を喰《く》らい」、ブドウ酒を飲むところから「血をすする」鬼であるとの悪い噂を立てられたりもした。バテレンとは司祭を意味するポルトガル語のパードレ（padre）がなまったもので、「伴天連」と当て字された。

明治になって欧米の進んだ近代文明に接し、彼らがキリスト教徒であることを知るにおよんで、従来のキリシタンに対する邪宗門観は、少なくとも進歩的な知識人層においては一掃され、巷間《こうかん》に第一次南蛮趣味ブームが巻き起こった。ここに「夢とロマンのキリシタン史観」発生のルーツがあることは間違いないであろう。

判官贔屓とキリシタン貴種流離譚伝説

日本人のこのような弱者に対する心情的性向は「判官贔屓《ほうがんびいき》」という言葉によく示されている。兄頼朝《よりとも》と対立し、三一歳の若さで自刃した九郎《くろう》判官義経《よしつね》を悲劇の主人公として愛惜するのは、昔も今も変わらぬ日本人の心情であろう。

源平《げんぺい》の戦でも、勝った源氏よりも、滅ぼされた平家の方に人気があり、日本国中どこにいっても平家の落人《おちうど》伝説にはこと欠かない。美しくも哀しく滅亡していった『平家物語』はあっても、勝者たる頼朝を称賛する『源氏物語』はない。遠藤文学の本質である「弱者への共感」とも相通ずるものがある。

一旦《いったん》、判官贔屓が民衆の心の中に浸透すると、義経物の氾濫《はんらん》に対して、いまさら虚構だ伝説だと打ち消そうとしても、伝説としての義経像はしっかり歴史的事実として定着してしまっている。あらたに歴史的な事実としての義経像をみつけだそうとするのは容易な作業ではない（高橋富雄『義経伝説　歴史の虚実』中公新書、一九六六年）。夢とロマンのキリシタン史も、もはや虚構や伝説ではなく、作り上げられた歴史的事実としてすっかり定着してしまった観があるが、本書はその本来の姿を見出《みいだ》すという容易ではない作業を試みようとするものである。

判官贔屓と通ずるものに、国文学者・民俗学者の折口信夫《おりくちしのぶ》が論じた貴種流離譚《きしゅりゅうりたん》がある。高貴な血統・身分の生まれの主人公が低い身分に落ち、さまよい苦しんだあげくその才覚を発揮して英雄となり、ついには復活を遂げるという型の話である。悲劇的な境遇にありながらも、めげることなく努力して最後には栄光をつかむというサクセスストーリーは、人々に勇気と希望と感動を与え、ヒット作品の定番物である。

このタイプの物語やアニメや映画作品例をあげれば、義経やヤマトタケルの物語・竹取物語・鉢かづき姫、小説および映画化された「ハリー・ポッターシリーズ」・「ゲド戦記」・「アルスラーン戦記」、アニメの「暁のヨナ」、韓国時代劇「イニョプの道」等々、枚挙にいとまがない。

貴種流離譚は基本的に次の四つのステップを踏む。「判官贔屓」もほぼ同じシチュエーションであるが、最後に必ずしも高貴な地位に復活するとは決まっていない。義経のように殺されて悲劇のヒーローとなる場合もある。

①高貴な生まれの主人公がいる
②低い身分に落ちる
③さまよい苦しむ
④高貴な地位に復活する

この貴種流離譚の四つのステップを眺めているうちに、面白いことに気がついた。なぜ日本人は、「キリシタンは弾圧に屈することなく、仏教を隠れ蓑として命がけで信仰を守り通した」というストーリーに固執するのか。その答えは、キリシタン史は貴種流離譚の典型であり、この種のストーリーほど人々の感涙を誘い、夢とロマンをかきたてるものはないからではなかろうか。

キリシタンの歴史を貴種流離譚として、その構造を分析してみるならば、次の四つのステップから構成されていることがみてとれる。

①世界で最高にすばらしいキリシタンが日本に伝来し、多数の改宗者を得る
②突然の禁教令によってキリシタンは邪教とされ、迫害をこうむる身分に落ちる
③長い潜伏時代、信者たちは厳しい弾圧を耐え忍びながら隠れて信仰を守り通す
④待ちわびた神父と再会し、信仰の自由が再び認められ、めでたく復活する

いまや貴種流離譚的キリシタン史は、史実としてのキリシタン史よりもリアリティーをもって人々の心に迫ってくるのであろう。

第二次南蛮趣味ブームの発生

第一次南蛮趣味ブームは、明治時代の後期から大正時代にかけて、当時の第一級の文人や学者によって主導され、判官贔屓という国民性を基盤として、ひろく民間にも浸透していった。そして今また再び、長崎の教会群等の世界遺産登録運動を機として、

第二次南蛮趣味ブーム、いわば新キリシタンロマンティシズムに火が付いた。

二〇〇一年、民間団体の「長崎の教会群を世界遺産にする会」が発足し、「第一回長崎県世界遺産登録推進会議」が開催されたのがちょうど一〇年前の二〇〇七年のことであった。足かけ一五年間あまり、事あるごとにテレビ、新聞、雑誌、講演会等で、「キリシタンは迫害にも耐え、仏教を隠れ蓑として命がけで信仰を守り通した」というキャッチフレーズが繰り返されてきた。

現代日本において、キリスト教はもはや虐げられた弱者の宗教ではないので、判官贔屓の対象とはならない。それではなぜこのブームは再燃したのであろうか。その要因として次のようなことが考えられる。

インターネットやテレビや新聞紙上では毎日のように凶悪事件、イジメ、虐待、家庭内暴力のような暗いニュースが報道されている。バブルがはじけた後の日本社会は少子高齢化、年金問題、地方の過疎化、失業や劣悪な労働環境、子育て、離婚の増加・晩婚・非婚、老々介護など、若者にとっても高齢者にとっても明るい未来像を描くことが困難な状況になってきている。

夫や子どもや家庭に人生の夢を見出すのも簡単なことではなくなってきた。永年勤続制はゆらぎ、仕事人間として一生を会社に捧げるのも容易ではなくなってきた。人生において大切なものとはなにか、神も仏もない時代に信じられるものとはなにか。

キリシタンの殉教者たちのように、何か命をかけるに値するものはないのだろうか。心の癒しを求め、現代人の新たな夢とロマン探しの旅が始まった。

「癒し」や「ヒーリング」が若者、とりわけ女子を中心として人気であるが、ゆるキャラブームや森ガールやアロマセラピーなどもどこか共通するところがありそうだ。全国のヒーリングスポットを紹介した本や雑誌が多数出版され、その場所を目当てに癒しを求めて旅する人も増えている。最近、四国八十八カ所霊場を巡る「お遍路」のような霊場・聖地巡礼もブームとなっているが、一九九〇年代後半からは信心からというよりは、自分探し、癒しとしての巡礼者が増えている。

人文地理学の研究者松井圭介によれば、キリシタンツーリズムなるものも作られており、長崎県の平戸と生月の主要な教会群をセットにした「キリシタン巡礼」は、二〇〇四年の夏季（七~九月）には一三四〇人、秋冬季（一〇~一二月）には九六二人であったものが、二〇〇五年の四~八月の五カ月間では二三二八人に達しており、数は着実に伸びていると報告している（松井圭介「観光戦略としてのキリシタン：宗教とツーリズムの相克」『人文地理学研究』、二〇〇六年）。

この全国的な癒しブームと、長崎と天草地方の潜伏キリシタン関連遺産の世界遺産登録運動の盛り上がり効果も相まってか、カトリック信徒のみならず、信徒以外の一般観光客による教会巡りや殉教地訪問、各地で行われる殉教祭への参加が増加しつつある。

夢とロマンのキリシタン史の本当の姿

テレビや新聞紙上でキリシタンの映像がしばしば採り上げられ、キリシタンをテーマとした特集記事、写真集、観光協会や旅行会社のパンフレットなどをみていると、ステレオタイプ化された一つのイメージが存在することに気がつく。

紙面には判で押したように、西海の果て五島列島や平戸島あたりの、海の彼方《かなた》の水平線に真っ赤な太陽が沈んでゆくシーンが使われている。背景として、長崎のカトリック信徒の人たちが、信仰の証《あかし》として心血を注いで作り上げてきたレンガ造りの教会がひっそりと建っている。その脇には、十字架の付いた古色たっぷりの墓碑群が静かにたたずんでいる。

教会の中に入ると、ステンドグラスを通して、幻想的な光が聖堂内に差し込んでいる。長椅子には純白のベールをかぶった敬虔な老女が座って天をみつめている。しわが刻み込まれたその手にはロザリオが握り締められ、ときおり十字を切る。見る者を感動させるそのシーンは、神々しいばかりのロマンにあふれている。

長崎県上五島町
頭が島（かしらがじま）教会墓地

現代人がそのシーンに夢とロマンを感じるのは、失ってしまった大切なものに気づき、傷ついた心の癒しを求めているからなのではなかろうか。ここで忘れてはならないのは、「夢とロマン」は、あくまでもこうあって欲しいという願望が投影されたヴァーチャルな世界であるということだ。

キリシタンの歴史にはたしかに隠れ、隠してきた一面があるだけに、なかなかその実像は明らかにされることはなかった。しかし夢とロマンの世界だけが美しいわけではない。したたかで、強靭《きょうじん》でありながら、なおかつしなやかな現実の民衆の信仰世界にも、ロマンとはまたちがった美しさがある。

これから、日本のキリスト教のあるがままの姿に少しでも迫ってみたいと思う。その際、一般の民衆信徒層の信仰のありようにできるだけ光を当てていきたいと考えている。

第二章

キリシタンに改宗するとは

ひとつの典型的な多神教の世界に住む日本人が、これまた典型的な一神教たるキリスト教に改宗するとはどのようなことなのであろうか。頭の中で考えるだけであれば、さほど難しいことでもなさそうに思えるかもしれない。しかし、実際に現実の場面に即して考え始めると、それは想像を絶するほど困難にみちた道であることにただちに気づくであろう。例えば、あなたは、先祖代々の墓を仏式からキリスト式に移せるだろうか。

本章では、日本人がはじめてキリスト教に接し、互いに理解しあおうとしたとき、どのような問題に遭遇したのか、その具体的な諸場面を振り返ってみよう。またキリスト教（ここではカトリック）は一般に考えられているように、何の疑いもなく、本当に一神教なのかということも少し立ち止まって考えてみたい。

それによって、日本の民衆がこれまでどのようなものとしてキリスト教を理解し、どのように日本の土壌に土着させてきたのか、あるいは土着化することができずにいるのか、その実像を明らかにしてみたいと思う。その作業は、単に日本におけるキリスト教の研究にとどまらず、日本の民衆の宗教観念の深いところに横たわる、普遍的なもの、根源的なものをあぶりだす格好の手がかりとなるのではなかろうか。

改宗とはどんな現象なのか

「ある宗教に改宗する」という現象はいかなるものであろうか。改宗者を、新たに出会った宗教の教えをしっかりと理解し、その教えを忠実に実践している人とするならば、実際にはそのような人は、ごくまれであるといわざるをえない。この現実は、残念ながらというべきか、当然のことながらというべきか、日本の宗教の世界ではとりわけあたりまえのことである。

統計上、日本には九六〇〇万人の仏教徒がいることになっているが、ごく普通の仏教徒の中で、仏陀《ぶつだ》の教えをしっかりと理解し、戒律を守り、その教えを忠実に実践している人がはたしてどれほどいるであろうか。どんな戒律があるのかすら知らない人のほうが圧倒的に多いのではなかろうか。

日本は仏教国といわれるが、そもそもほんとうに仏教国と呼べるであろうか。ただ古くからの生活習慣として仏教風の衣を無自覚的にまとい、仏教徒風にふるまっているというのが、日本仏教における民衆の現実の姿ではなかろうか。建前としては仏教徒を標榜《ひょうぼう》しているが、その信仰の内実はとうてい真の仏教徒と呼べるようなものではない。仏壇の前で手を合わせていても、頭に思い浮かべているのは先祖のことであり、お彼岸やお盆に実際にやっているのは、墓参りをして先祖を供養することだ。

それをいけないことだとか、本来の仏教徒の姿に戻らねばならないなどといっているのではない。事実をあるがままにみようとしているだけである。むろんその場合も、本書においてキリスト教を論ずるさいと同様、日本人の大多数を占める、「一般民衆の場合は」という大前提のもとでの話であることはいうまでもない。

ザビエルの時代から幕末まで、キリシタンも仏教と同様、キリシタン風の衣をまとっていただけである。キリシタンも仏教と同じ宗教風土の中に生きてきたのであるから、例外ではありえない。キリシタン時代の民衆キリシタンの多くは、領主の世俗的な目的のために、半ば強制的な集団改宗によって生まれたのであるから、真正なキリスト教徒たりえなかったのはごく自然ななりゆきである。

ここでいう真正なキリスト教徒とは、一神教たるキリスト教の教えを正しく理解し、唯一絶対なる神の存在を信じ、聖書の教えに従って生きるといったような意味であるが、現実には真正な仏教徒がまれなように、真正なキリスト教徒もまたまれなのも至極当然なことである。

多神教の世界に生きてきた日本人が、洗礼を受けたからといって、それまで慣れ親しんできた神仏をたやすく否定し、ご先祖様の位牌《いはい》まで焼き捨てるようなことができたであろうか。真正なキリシタンに改宗するということは、そのようなことを受け入れ、実際にそのような行動をとるということである。

それでは、真正なキリシタンに改宗することができなかったキリシタンは、どのようなキリシタンに改宗したのであろうか。結論から述べれば、それまで日本人がおすがりしてきたもろもろの神仏の上に、さらに効き目のあるなんでも願い事を叶《かな》えてくれそうな南蛮渡りの「力あるキリシタンの神」を、ひとつ付け加えたに過ぎなかったのである。

神仏習合を持ちだすまでもなく、このようなやり方は日本ではごくあたりまえのことである。雛祭《ひなまつり》や端午の節句、七夕や節分、正月の屠蘇《とそ》や七草粥《がゆ》、テルテル坊主といった宗教的儀礼は完全に日本人の中に定着してしまっている。しかし、それらが中国の民衆宗教である道教に由来していることを自覚しておこなっている日本人がどのくらいいるであろうか。そのような行事を今に伝えているからといって、道教に改宗したなどと考える日本人は皆無である。

豊臣秀吉《とよとみひでよし》は一五八七年（天正《てんしょう》一五）にバテレン追放令を発布したが、その前日に出した「覚え」が伊勢《いせ》の神宮文庫に残っている。その第五項には「右の知行より下を取り候者は、八宗九宗の儀に候條、その主一人宛は心次第成るべき事」とある。

八宗とは南都《なんと》六宗と天台宗《てんだい》・真言宗《しんごん》のことで、九宗とはこれに禅《ぜん》宗または浄土宗を加えたもののことをいう。秀吉がいわんとしていることは、宗教にはいろんな宗派があり、キリシタンという宗派が一つ増えたとしても五十歩百歩で、身分の高い家臣は別だが、下々の者たちは強制されない限りは、キリシタンになるもならぬも自由にしてよいということだった。

多神教的な日本の宗教世界に新しい仲間がひとり増えるかどうかといったことは、日本人にとってさしたる問題ではなかった。再度確認しておくが、その際のキリシタンは多神教としてのキリシタンという意味であり、一神教としてのキリシタンではない。

明治以降も日本人のキリスト教受容の基本的なメカニズムに大きな変更はなかったとみてよいが、それ以前とは決定的に異なる新しい状況の変化がひとつあった。幕末になるとプロテスタントも入ってきて、キリスト教を伝える側の日本の文化、思想、宗教などに対する理解度が格段に高まったことだ。また、受けいれる側の日本においても、学制の施行によって国民の教育レベルは飛躍的に向上し、新しく発生したインテリ層は西洋文化への憧《あこが》れによって、西洋の学問、宗教へ急接近した。

日本で初めて本格的にキリスト教と正面から向き合い、キリシタン時代のように強制的な改宗ではなく、自発的な改宗による真正なキリスト教徒が生まれる環境が徐々に整ってきたのである。しかし、それはまだまだプロテスタントを中心とした、限られたインテリ層にみられた現象で、少数派にとどまらざるをえなかった。

一神教か多神教か

ここまでキリスト教の理解、受容について考えてきたが、この問題は思った以上にやっかいである。

まず理解される側のキリスト教自体、何をどこまでどう理解されたらキリスト教が理解された、受容されたといってよいのか、判然としていない。キリスト教は神学レベルでは長い年月をかけて宗論が戦わされ、その成果は正統教義として示され、聖書やキリスト教の教義入門書である「カテキズモ」を勉強すれば、これがキリスト教なのかとほぼ理解できるようにはなっている。

あきらかに教義的にはキリスト教はまぎれもない一神教である。「父と子と聖霊」の三位一体《さんみ》の唯一絶対なる神であることは、誤りのない教義として、カトリックでも正教会でもプロテスタントの多くの宗派でも認められている。学校教育を通して広められたキリスト教に関する知識としては明らかに一神教なのであるが、実際には民衆の信仰生活の場ではかならずしもそれほど明確な意識があるわけではない。

民衆においては、キリスト教は一神教であるという理解は必ずしも一枚岩ではない。特にカトリックは、教義上は三位一体の神という教えを唱えてはいても、実態は「父

イタリアの片田舎の町角に祀られたマリア

なるデウス、子なるキリスト、母なるマリア」の三位一体の神に近いといっても過言ではない。マリアは限りなく神に近い、あるいは神へと昇華された存在である。

教会では、マリアはひとりの人間にすぎず、神の子キリストの母として崇敬の対象ではあるが、神ではないので崇拝の対象ではないと教えている。しかし、民衆の中では「聖なる神の母マリア」として、紛れもなく神として受け止められ、篤《あつ》い信仰の対象となっている。カトリックの国の村を歩いてみれば、道の辻《つじ》にはマリアを祀《まつ》った、日本風にいえば祠《ほこら》のようなものをあちらこちらにみかけることができる。もちろん街中で目にすることも珍しいことではない。日本の道端におけるお地蔵様や観音様や道祖神みたいなものである。

マリアと民衆信仰との深いつながりを示す事例として、忘れてはならないのは、聖母マリアの出

五島玉之浦井持浦教会ルルド
不自由な足の回復祈願

現による奇跡信仰である。カトリック教会が奇跡として公認したのは二四例だが、聖母出現の報告は数千例以上にのぼるという。その中でも最も有名なものは、南フランス、ピレネー山麓《さんろく》にある小さなルルドという村の洞窟《どうくつ》に現れた「ルルドの聖母」である。この洞窟のそばにある泉の水を飲むと病気や怪我が治るという奇跡信仰は民衆の中に深く浸透しており、いまでも世界中から巡礼者が絶えることはない（関一敏『聖母の出現　近代フォーク・カトリシズム考』日本エディタースクール出版部、一九九三年）。

一八五八年二月一一日、聖母マリアがルルドの洞窟で一四歳の貧しい少女ベルナデッタの前に一八回にわたって出現したとされている。聖母が出現したこの洞窟の泉の水は、数々の難病を治す「奇跡の泉」として有名になり、日本のカトリック教会の中にもルルドの洞窟を模したものが数多く作られている。一八九五年（明治二八）、長崎県南松浦郡玉之浦町《たまのうら》（現五島市）の井持浦《いもちうら》教会の敷地内に日本で最初のルルドの洞窟が作られた。

ルルドのほかにも、ポルトガルの「ファティマの聖母」、メキシコの「グアダルペの聖母」、イタリア・ローマの「雪のサンタマリア」、フランス・パリの「不思議のメダイ」などがことのほか人気を集めている。日本でも浦上四番崩れで浦上信徒が流罪となった島根の津和野乙女峠《つわのおとめとうげ》や秋田にも聖母が出現したとされている。マリアのほかにも、天使や諸聖人なども信仰の対象とみることができる。

こうみてくればキリスト教も、一般に指摘されるような、父性的裁きの神の性格を持つ絶対的一神教の側面だけでなく、母性的、現世利益的、民衆的な許しの神の性格を持つ多神教的な側面も有していることがわかる。

サントスの役割

カトリック教会には、「守護聖人」と呼ばれる、民衆の中に広く定着している伝統的な信仰がある。ある特定の職業・活動、国・地域などを、それとゆかりのある聖人や天使が取りなし、災難などから守ってくれているという思想である。

一例を挙げれば、大天使聖ミカエルは神に仕える天使軍団の長で、神に対して反乱を起こした反乱軍を見事鎮圧し、軍人や警察官の守護聖人となっている。

一二使徒のひとりとなった聖アンデレはガラリヤ湖で漁師をしていたが、パンと魚を持った少年をイエスに紹介すると、イエスはそれを五〇〇〇人が食べることができるほどに増やす奇跡を行った。そこでアンデレは漁師の守護聖人とされている。

ローマ時代にアレクサンドリアで歯をすべて引き抜かれ、火の中に飛び込んで殉教した聖女アポロニアは、歯医者さんや歯痛患者の守護聖人として崇敬されている。日本に初めてキリスト教をもたらした聖フランシスコ・ザビエルは、日本はもちろんオーストラリア、インドのゴア、中国、ニュージーランド、東インド諸島、ボルネオなどの諸国、諸地域の守護聖人となっている。

カクレキリシタンの間に今も伝わるオラショの中にも「サントスの役割」という、「守護の聖人」と同様のものが伝えられている。外海・五島地方のオラショにはまま見かけるものであるが、平戸・生月のものには一例も出てこない。長崎県外海町西出津に現存するカクレキリシタン組織の最高指導者であった帳方《ちょうかた》故N氏のノートに記録されているものを挙げる。

サントスの役割というのは、信徒の様々な願いごとに応じて、その願いを専門に引き受けてくれると信じられているサントス（santos 聖人）が割りあてられている。もし一神教ならば、いつでも唯一絶対なる神にお願いすれば済むことだが、サントスの役割をみると、役割分業制になっており、多神教的な側面がみてとれる。

仏教でいえば、病苦から救ってくれる薬師如来、知恵の神様である文殊菩薩《もんじゆぼさつ》、疫病を退散させ煩悩や因縁を断ち切るお不動様、財福の神である大黒様、水の神の弁天様といったぐあいに願い事に応じて役割が分担されているのと同じシステムである。

以下の資料の中で、サンミゲル（San Miguel Arcangel）は人間ではなく天使（大天使聖ミカエル）であり、サガラメントはカトリックにおける秘跡（サクラメント〈sacramento〉）のことであるが、ポルトガル語の意味がわからなくなり、聖人の名前であろうと誤解されて伝えられてきたものである。傍点を付した部分は、「キリシタンの川祭りの日」とか、水を飲む時にはアメンゼズスと呪文《じゆもん》を唱え、水を吹いてから飲むといった説明が施され、日本の民俗信仰的な要素も入り込んでいる〈傍点引用者、（　）内は引用者補注〉。

サントスの役割

聖ペトロ　聖パウロ　聖ノレンソ　　船方の役（航海安全の役）

サンミゲル（大天使聖ミカエル）　天ビンの役（死者の魂を善悪の秤《はかり》にかける役）

サンペトロ（聖ペトロ）　御門の役（天国の門番の役）

サンパウロ（聖パウロ）　善悪の御吟味御正しの役

サンジョアン（聖ヨハネ）　水の役
サンアポストロ（十二使徒）　帳面の役　御赦《ゆる》しの役
サントス（諸聖人）　御取次の役（神への取次役）
サンコウスメ（聖コスメ）　火モンの役（火の役）
サンアントス（聖アントニオ）　人失《う》せ者の役（迷子・落とし物探しの役）
サンタイナツショ（聖イグナチオ）　かっちゅうの役（甲冑《かっちゅう》＝戦争の守り神の役）
サンタルジイナ（聖ルジイナ）　まかんの役（まかん＝料理の役）
サガラメント（秘跡）　善悪の対立いたす帳面の役
サンフランシスコ（聖フランシスコ）　雨の役
サンノレンソ（聖ロレンソ）　風の役

御身《おんみ》様（キリスト）が十字架にかけられてからそれぞれに役割ができた。御身様が救い手の役。サンジヨアン様が水の役。サンノレンソ様が風の役。サンフランシスコ様が雨の役と定まった。雨乞《あまご》いする時はサンフランシスコ様にたのみ、船出をする時はサンノレンソ様に頼み、サンジョアン・パプチスタ（洗者聖ヨハネ）の御誕生はキリシタンの川まつりの日と定め、水をのむ時はサンジョアン・パブチスタこの水に毒の入らぬ様にアメンゼズスと唱え、その水を二、三度吹いた上でのむ（『長崎県のカクレキリシタン』長崎県教育委員会、一九九九年）。

日本に限らず、世界中のカトリック圏の民衆の間には、民俗キリスト教と呼んでいいような、異教的要素がまだまだ残っている。中南米、アフリカ、フィリピンなどの東南アジアのカトリックは、土着宗教的カトリックというよりは、カトリック的土着宗教といったほうが当たっているかもしれない。

例えばフィリピンの場合、今でも先キリスト教時代のアニミズム的世界観が生き続けており、この世は祖霊とその他の聖霊のもとに調和されている。彼らの信仰の根底には（一）シャーマニズム（二）精霊（アニート）信仰（三）創造神信仰の三つがあり、キリスト教とこれらの土着信仰が見事に共存している。そのような地域においては、カトリックはむしろ多神教とみる方が当を得てい

イタリア・ジェノヴァの教会内に山と奉納されたex voto。日本の願掛けや絵馬のようなもので、民衆キリスト教における奇跡信仰

るといえよう（拙稿「アジア諸国のキリスト教受容」、荒野泰典他編『アジアの中の日本史Ⅴ 自意識と相互理解』東京大学出版会、一九九三年参照）。

二〇〇〇年現在、世界に占める、ヨーロッパのキリスト教徒の人口は、全キリスト教徒の二一％に過ぎない。欧米に在住しているキリスト教徒は、世界のカトリックの三分の一で、三分の二は欧米以外の地域に住んでいる。いまやキリスト教は西洋の宗教という認識を改めるべき時期かもしれない。キリスト教はヨーロッパで生まれたのではなく、もともと西アジアのパレスチナで発生した宗教だった。

日本にキリシタンが初めて伝来し、短期間に多数の日本人がキリシタンに改宗した。日本人は、キリシタンがそれまで日本には存在しない、唯一絶対神を崇拝する新しいタイプの宗教であることに気付いたであろうか。それとも一神教という概念を理解することなく、あるいはそのようなことにはほとんど関心を示すことなく、キリシタンと接したのであろうか。

ポルトガル国王によって派遣され、イエズス会によって日本に招来されたキリスト教は、ルターの宗教改革に対抗する保守的、反動的な性格を持つトリエント公会議（一五四五年～一五六三年）の影響を強く受けており、一神教的な性格が強かったのは間違いない。

さて、初めて一神教に接した多神教国の日本人はどのような反応を示したのであろうか。

ザビエルはデウスをいかに伝えたか

あるひとつのあたらしい思想や宗教を理解、伝達、受容するとは具体的にはどのようなことなのであろうか。気心が知れた人との間でも、あるいは恋人同士であったとしても意思の疎通を図るのは容易ではない。ましてや言語も異なり、環境、歴史的背景、文化伝統など全く異なる異文化接触の場面においては、はたして何をどう伝えれば理解してもらえるのか、途方に暮れることであろう。はじめて日本に上陸したザビエルもまず言語の障壁にぶつかったことはまちがいない。

次にこの時代の言語能力についてみていく。ザビエルがキリスト教を日本に伝えたのは、日本では戦国時代も末期の頃、織田《おだ》信長《のぶなが》がこれから台頭してこようとする時期であった。

そのような時代に、直接目でみることも、手で触れることもできない神や、その教えについて、伝達者と受容者の間で、いかに相互に理解し合うことができたのか。それには最低レベルの意思の疎通を可能ならしめる言語能力が不可欠である。目にみえない抽象的な概念を、身振り手振りで説明するというわけにはいかない。

ザビエルは日本に来る前にインドで布教を行っていた。一五四五年（天文《てんぶん》一四）、ザビエルがインドのトラバンコールという町で、いかにして一カ月間に一万人以上に洗礼を授けたか、その方法について書き記した手紙が残っている。

「この頃、宣教師の中には現地のタミル語がわかる者がおらず、現地人通訳を使って布教活動が行われていた。通訳では意思の疎通に欠け、人々のものの考えや感情、生活習慣や宗教を真に理解することは難しい。その結果、インド人の立場は考慮されることなく、宣教師からの一方的な教理説明が行われ、意味もわからない祈りを唱えさせられ、キリスト教のなんたるかも十分に理解されないまま、名ばかりのキリスト教徒が短期間に大量に作られていた。このようなキリスト教徒は宣教師がいなくなれば、以前の土着信仰に戻ってしまい、ザビエルらを嘆かせたのであるが、そもそもこの改宗方法に問題があった」（岸野久「フランシスコ・ザビエルの日本布教構想」、傍点引用者）

残念なことではあるが、異文化交流はしばしばこのような一方通行に陥りがちである。受容者側がみずから求めて能動的に働きかける場合はまだよいが、現実的には多くの場合、伝達者が一方的に力で押し付けるケースがほとんどである。

ザビエルはインドを中心として東南アジアで布教活動を行う中で、鹿児島出身の倭寇《わこう》であったといわれるアンジロウ（あるいはヤジロウ）とマラッカで知り合った。彼は若い頃に人を殺しマラッカに逃れ、その罪を告白するためにザビエルを訪ねたという。ザビエルの導きでインドのゴアに送られ、一五四八年日本人として初めて洗礼を受けた。彼との出会いによって日本に強い関心を抱いたザビエルは、一五四九年（天文一八）アンジロウを日本の道案内兼通訳者として伴い、鹿児島に上陸した。

ザビエルを日本へ導いたアンジロウは、漢字が読めず、教養は一般民衆の常識レベル程度のものであったといわれている。ポルトガル語である程度意思の疎通ができたといわれるが、さほど高い語学力を有していたとは思われない。

ザビエル自身はまったくといっていいほど日本語ができず、アンジロウが日本語に翻訳したものをローマ字で読むか、ザビエルとともに来日し、日本語が少し話せるようになっていたフェルナンデス修道士が説教するそばに立っていただけであった。このようなきびしいコミュニケーション条件下、八《や》百万《およろず》の神々の民は、はたしてどの程度までキリスト教の神について理解しえたであろうか（高瀬弘一郎『キリシタンの世紀』岩波書店、一九九三年）。

一番の大きな問題は、キリシタンの父なる神デウス（Deus）をなんと日本語に翻訳したらよいかということであった。アンジロウは真言密教における最高神的性格を有する、「ダイニチ（大日如来）」と翻訳した。大日如来は真言密教の教主、偉大な輝くもの、宇宙の根本の仏であり、仏のなかでも最も普遍的な性格を有するものであり、天地万物の主宰神デウスに通ずるところがある。

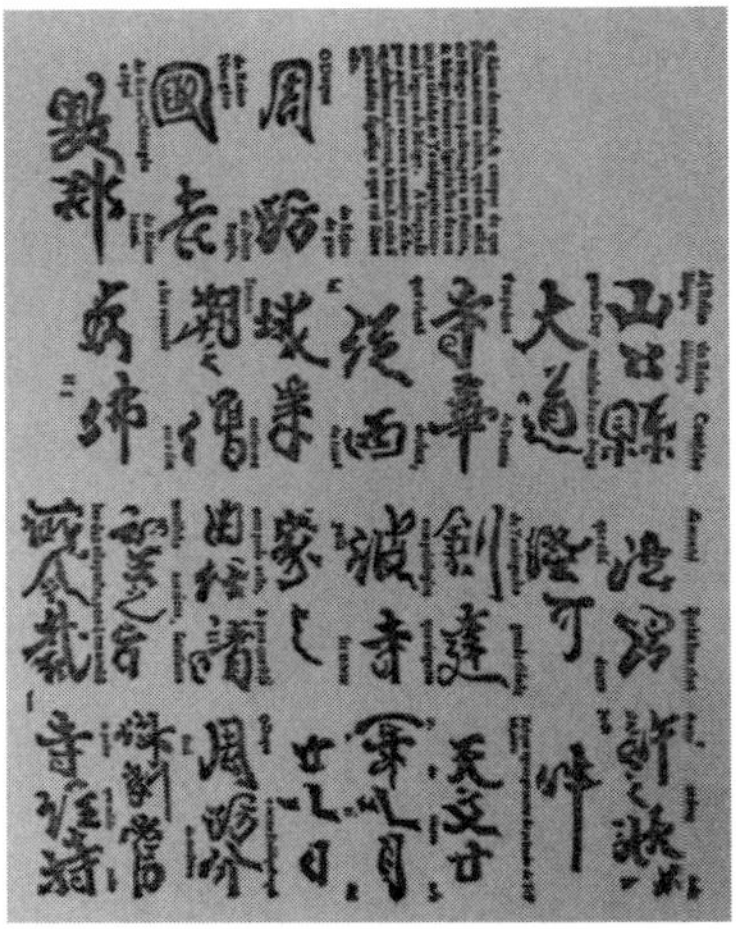

大道寺跡に教会建設の許可を与えた裁許状

鹿児島に上陸したザビエルらは、まず領主島津《しまづ》貴久《たかひさ》に謁見し厚遇を受け、布教許可を得た。

アンジロウの翻訳にしたがって、デウスを「大日」と呼び、服装も仏僧と似ていたために、キリシタンはインド渡来の新しい仏教の一派と思われたようである。「キリシタン仏法」とか「天竺宗《てんじく》」と呼ばれ、好意的にもてなされ、鹿児島では一五〇名あまりがキリシタンに改宗した。

ザビエルのねらいは都に上り、天皇に会って布教許可をえて指導者層を改宗させ、いち早く全国にキリスト教を布教することにあった。鹿児島から上京の途中平戸に立ち寄り、また当時小京都と呼ばれ、大いに栄えていた山口にも立ち寄った。都に到着したザビエルは、天皇がまったく権力を喪失し、布教できるような状況ではないことを知り、山口に引き返した。

山口の領主大内義隆《おおうちよしたか》は領内における自由な布教

許可を与え、義隆の養子大内義長《よしなが》は廃寺となっていた大道寺《だいどうじ》を教会建設のために与えた。その裁許状にはザビエル一行のことは「西域より来朝の僧」と記されており、ここでもキリシタンは西域（インド）からやってきた新しい仏教の一派と考えられたようである（ルイス・フロイス『日本史』中央公論社 第六巻、一九七八年）。

翻訳作業には常に誤認識というリスクが伴う。ザビエルは毎晩、山口の広場で「大日拝みあれ」（Dainichi vouogamiare）と叫んでいたが、その後過ちに気づき、こんどは「大日な拝みあっそ」（Dainichi na vogami asso）、太陽の神を崇《あが》めるなと訂正した。その後、大日にかえて「天道《てんとう》」が用いられるようになった。天道は本来、儒教の概念であり、人生を支配する「天」という宇宙原理を意味したが、それから離れて、当時はもっと一般化して天命というような意味で使用されていた。

一五六九年（永禄《えいろく》一二）頃に編纂《へんさん》された『貴理師端《キリシタン》往来』ではデウスに対して「天道」が用いられており、一五八〇年代にも依然として用いられている。「天主」の語も一五八一年（天正九）に刊行されたヴァリニャーノの『日本のカテキズモ』に使用されている。キリシタン布教初期はデウスの語と天道、天主、天帝、天尊などが併用されていた。

その後、一五九〇年代になってキリシタン版の印刷が開始されてからは、キリスト教の重要な基本概念、例えばアニマ（anima 霊魂）、バウチズモ（bautismo 洗礼）、コンヒサン（confissão 告解）、サカラメント（sacramento 秘跡）、パライゾ（paraiso 天国）といった言葉は、原語のまま用いるという方針に変更された。しかし、原語のままでは、その当時の日本人がどれほど理解できたことであろうか。

高等な教育を受けた二一世紀の私たちでさえ、大学でキリスト教学でも専攻していない限り、初めてキリスト教の宣教師に接し、たとえば次のように説明されたとしたら、何をいっているのか理解するのは容易なことではないであろう。

「アニマの救いを望むならば、ただちにバウチズモを授かり、罪を犯したならばコンヒサンのサカラメントを受ければ、パライゾへ行くのは間違いない」

一六世紀半ば、戦国の混乱した時代に伝来したキリスト教は、日本人の目にどのように映ったことであろうか。その当時の日本は、士農工商の身分制度の下、日本人はと一括して語ることができるほど均質化された社会ではなかった。

このような抽象的な概念をいくらかでも理解するには、高い知性と教養を持ち、長時間にわたって宣教師と接し、深くその教えにふれる機会を持つことが不可欠である。それが可能であったのは、ごく一部の限られたインテリ武士層か、南蛮貿易に携わっていた裕福な商人層、あるいは学問僧や医師のような知識人層に限られていたといえよう。

その彼らとて、はたしてどこまで理解できていたかは大いに疑問が残るところである。文頭にあげた卑近な例からもわかるように、同じ日本人同士であっても、相互に理解しあうのは容易なことではない。ましてや単に理解するにとどまらず、日本語も十分に話せない宣教師の話を一度ないし数度聞いただけで文字通り心を改め、伝統的な日本の神仏信仰を誤りとして否定し、洗礼を受けてキリシタンとなるというようなことが、いかに困難なことであるかは想像に難くない。

キリシタン大名による集団改宗

「日本において三〇万人、四〇万人がキリシタンに改宗した」などという宣教師の記録に接するとき、避けては通れない問題は、改宗者の数もさりながら、改宗者の信仰の中身がどれほど変化したのかということである。受洗したという記録をみただけで、直ちに唯一絶対なる神を信じる、「敬虔《けいけん》なクリスチャン」に生まれ変わった、というようなイメージを思い描いてしまう人がなぜか非常に多い。「クリスチャンイコール敬虔な人」という図式が存在し、それもクリスチャンでない人に多いようである。

洗礼の水はまるで魔法の水ででもあるかのごとく、一瞬にして人の心を変えてしまう力があるのだろうか。多神教から一神教への改宗がどれほど困難な葛藤《かっとう》を伴う選択であるかは想像に難くない。彼らはみたこともも聞いたこともない、イスラエルのエルサレムという異国の町の馬小屋で生まれ、何の罪に問われてか、十字架にはりつけにされて殺されたという人物を、たやすく唯一絶対なる神の子と信じ、日本の伝統的な神仏信仰を捨てて洗礼を受けたのであろうか。

改宗にいたる信仰の内的変化を知ることは極めて主観的な問題であり、まずもって不可能である。だからといって、受洗者の数だけで日本人のキリスト教受容の問題を語ることは、使った絵の具の量によって絵の価値を量ろうとするようなものである。改宗の中身が、それも一部の例外的なエリート層ではなく、大多数を占める民衆層においてどうであったかという検討を避けては通れない。

従来の「迫害にも耐えて信仰を守り通した」というキャッチフレーズに対して、筆者はここで次のような見方を示しておきたい。

一六、一七世紀の日本のキリシタン改宗者たちの多くは、決して従来の多神教たる仏教や神道を全面的に否定し、新たに一神教としてのキリスト教を受容したのではなく、従来の神仏信仰の上に、さらにキリシタンという信仰要素をひとつ付け加えたにすぎなかったということである。

一六一四年（慶長一八）、全国的なキリシタン禁教令が発布され、長い潜伏時代を通して、キリシタンが命がけで何かを守り通そうとしたことはまちがいのない事実である。しかし、その何かとはキリストやマリアに対する信仰ではなかった。一般の民衆キリシタンたちはキリストやマリアがどのような存在なのか、まったくといってよいほどわかっていなかったからである。

イエズス会が新たに布教を試みた土地では、まずはひとりでも多くの信徒を獲得する量的な拡大が優先され、質的な深化は改宗後の課題とされた。封建体制下の日本では、イエズス会ははじめに大名や上級武士層を改宗させ、次いで家臣団や領民を改宗させる、上から下への改宗策を採用した。その結果、九州では一五六三年（永禄六）大村純忠《おおむらすみただ》が日本最初のキリシタン大名となり、その後、大友義鎮《おおともよししげ》（宗麟《そうりん》）、有馬晴信《ありまはるのぶ》はじめ、多くのキリシタン大名が生まれ、上からの量的布教は順調に進んでいった。

一五八三年（天正一一）豊後《ぶんご》の津久見《つくみ》に居住していた大友義鎮は、その地にあった三つの寺院の仏像をすべて破壊させ、「デウス様の話を聞いてキリシタンになるように。予がキリシタンなのだから、予の家臣はすべてそうあるべきである。御身らの生計については予が面倒をみよう」と仏僧たちにまで改宗を迫った。

五畿内《ごきない》地方（京を中心とした五か国）では、摂津国高槻《せっつたかつき》の城主であった高山右近《たかやまうこん》が一五六四年（永禄七）洗礼を受けてキリシタンとなった。ジュスト右近は秀吉の有力な家臣であり、また千利休《せんのりきゅう》七哲の一人であった。茶会の席を通して、後に会津《あいづ》一〇〇万石の大名となった蒲生氏郷《がもううじさと》、筑前《ちくぜん》五二万石の大名黒田長政《くろだながまさ》の父黒田孝高《よしたか》（官兵衛《かんべえ》）等をキリシタンに導き、受洗には至らなかったが、肥後《ひご》の細川忠興《ほそかわただおき》、加賀《かが》の前田利家《まえだとしいえ》

マニラのパコ駅前のディラオ公園にある高山右近像

らをキリシタンのシンパとした。

高山右近は仏僧たちに対してキリシタンの説教を聴くよう要請し、それに従わなければ高槻領内から追放することとした。これによって領内の一〇〇名以上の仏僧がキリシタンとなり、領内にあった寺社はことごとく焼き払われ、そのうち利用できるものは教会に変えられた。

右近は秀吉、家康《いえやす》という時の二大権力者から棄教を迫られたが、二度とも命令に従わず、大名職を捨てて信仰の道に従い、一六一四年マニラに追放され、その地で没した。受洗後の右近の信仰にゆらぎはみられず、「キリシタンの大旦那《おおだんな》」と呼ばれるにふさわしい、真正なキリシタンとして生きた。このようなキリシタン大名として稀有《けう》な生涯を送った人物がいたこともまた事実である。カトリック教会では、死後その徳と聖性を認められた信者に与えられる称号として福者《ふくしゃ》と、さらにその上に聖人の位がある。二〇一七年二月七日、大阪城ホールで高山右近を福者とする列福式が執り行われた。

さて、キリシタン大名と呼ばれるものは何人くらいいたのであろうか。一八八七年(明治二〇)に来日したパリ外国宣教会宣教師で、キリシタンの研究をしたシュタイシェンによれば(吉田小五郎訳『キリシタン大名』乾元社 一九五二年)、六一名があげられ、結城了悟師の研究によれば、八四名がキリシタン大名としてリストアップされている。しかしながら、グレーゾーンにあると思われる人物も散見するので、厳密にいえばもう少し絞るべきであろう(結城了悟『キリシタンになった大名』キリシタン文化研究会、一九八六年)。

ザビエル渡来以後、日本における一〇年間のキリシタン改宗者は約六〇〇〇人、二〇年後の一五六九年(永禄一二)には約二万人、三〇年後の一五七九年(天正七)には一三万人に増大し、五〇年後の一六〇一年(慶長六)には約三〇万人に達した。人口比でいえば現在の一〇倍以上の数字にのぼる。

天草久種《あまくさひさたね》・大村純忠・有馬晴信・大友義鎮・高山右近ら代表的なキリシタン大名の領内では、先述したような集団改宗がみられ、短期日のうちに家臣団、領民のほとんどがキリシタンとなった。

日本における急速な信徒数の増加は、みずから率先して受洗した、キリシタン大名の政治権力によってなかば強制的にもたらされたことは明白な事実である。にもかかわらず、従来さほど強く指摘されてこなかった。それゆえ、一般にはこれらの改宗者は自らの自由意志によって改宗したものと考えられ、日本に熱心で敬虔な信徒が多数生まれたという史実と異なるイメージが強く定着してしまった。

こう述べると、敬虔な信徒が存在したことの事例を多数しめしての反論が予想される。それらの事例を否定したり無視したりするつもりはないが、敬虔な信徒の例は、記録に残されるほどに輝かしいしっかりと記憶に刻まれた例外的なケースである。記録に残されることのなかった大多数のキリシタン民衆の信仰の姿は記憶のかなたに消え去ってしまい、敬虔な信徒のイメージだけが残存しているのである。本書はその消去されてしまった一般民衆にかんするデータの復元作業を可能な限り試みようとするものである。

戦争に明け暮れた戦国大名たちが、なぜ新来のキリシタンにこれほど強い関心を抱き、みずから受洗を決心するまでにいたったのか。大名のキリシタンへの改宗にはどれほどの宗教的な意味があったのか。彼らは「父と子と聖霊」の三位一体のキリシタンの神に帰依せねば、死後の魂は救われないと信じたのであろうか。一国の支配者が寺や神社をすべて破壊し、家臣団、全領民、仏僧にいたるまでキリシタン信仰を強制した目的はいったい何だったのであろうか。

改宗の目的とは

肥前国大村領の場合をみてみよう。一五六三年（永禄六）大村純忠は横瀬浦《よこせうら》で主だった家臣たち二五名とともに、コスメ・デ・トーレス神父によって受洗した。その年の三ヶ月間に一二〇〇人がキリシタンとなった。大村純忠は全領内のキリシタン化を命じ、一五七四年（天正二）から七六年にかけて三年間に三万五〇〇〇人、一五七五年には七ヶ月間に一万七、八〇〇〇人の改宗者があった。

高山右近同様、純忠は仏僧にまでキリシタンへの改宗を命じ、その命令に従う者には生活と将来を保障し、拒む者は領内から追放することとした。こうして領内のすべての神社仏閣は破壊され、四〇から五〇寺の仏僧約二〇〇名もキリシタンとなった。大村領の全領民六万人がキリシタンとなり、破壊された寺社の教会への転用が認められ、一五八五年（天正一三）には領内には八七の教会があったという。キリシタンといえば、常に迫害される立場にあったことだけしか頭に思い浮かばないが、キリシタン時代には、キリシタンの方が逆に仏教や神道を迫害したという事実もまた記憶の一端にとどめておくべきである。

一五七九年（天正七）イエズス会東インド巡察師アレッサンドロ・ヴァリニャーノ

神父が島原半島の口之津《くちのつ》に上陸した。ザビエル以来の日本におけるキリスト教の布教成果とその実態を確認し、さらに布教拡大を図るための諸政策の策定という重大な任務を負っていた。ヴァリニャーノが採用した日本における布教の基本方針は、ザビエルの日本認識を受け継ぎ、日本の文化を尊重し破壊することなく、その上にさらに優れたキリスト教文化を移植するという、日本文化への順応方針であった。

そのための基礎作業としてヴァリニャーノが重視したのは、外国人宣教師の日本語習得と、日本の風土、国民性、思想、慣習などへの深い理解であった。ヴァリニャーノは来日後、直ちに大村の坂口に語学のコレジオ（大学）を創設し、日本文化に最も精通したルイス・フロイス神父に、日本の文化とヨーロッパの文化の相違について箇条書きに対照させた『日欧文化比較』を作成させた（ルイス・フロイス著、岡田章雄訳注『日欧文化比較』岩波書店、一九六五年）。

さらにヴァリニャーノは日本人の思想を理解し、それに順応するだけでなく、日常的な生活様式も日本風に改めるように指示した。みずから日本人との交際法、礼儀作法、食事法、服装、教会建築など多方面にわたる規則を定めた「日本の習俗と気質に関する注意と助言」を作成した。これらの史料を通して明確に日本文化への順応方針が読み取れる。

このことはキリスト教を日本の伝統的諸宗教に順応させようという意味ではない。

キリスト教の一神教という独自性は決して失うことなく、その他の妥協できる面においては、仏教文化を軸とした日本文化の伝統をできるだけ尊重し、違和感を抱かせないようにして日本人に受け入れてもらおうとしたのである（ヴァリニャーノ著、矢沢利彦他訳『日本イエズス会士礼法指針』キリシタン文化研究会、一九七〇年）。

ヴァリニャーノの来日を機として、キリシタンはさらに急速な発展を遂げることとなる。大村領内のみならず、島原半島の有馬領内では、一五八〇年（天正八）領主有馬晴信がヴァリニャーノから洗礼を受け、家臣団と仏僧に対して徹底して改宗を強制した。ヴァリニャーノが有馬領に滞在していた三か月間に四〇〇〇人以上が洗礼を受け、離教していた七〇〇〇人以上がキリスト教に戻ってきた。晴信も四〇以上の寺社を破壊させ、これらを教会として転用させた。

このほかにも、豊後のキリシタン大名大友宗麟の領内では、一五八〇年以降集団改宗が行われ、一五八七年（天正一五）には三万人に達していた。また畿内地方では、高山右近とその父高山飛騨守《ひだのかみ》、三箇《さんが》伯耆守《ほうきのかみ》、池田《いけだ》丹後守《たんごのかみ》らキリシタン大名の力によって、一五七七年（天正五）から七八年の二年間に一万二〇〇〇人、七九年には九〇〇〇人から一万人の改宗者があった。これらの短期間におけるキリシタンの集団改宗は、領民の自発的な行為によるものではなく、受洗者の数にだけ目を向け、キリシタンが日本人に受け入れられたと考えるのは適切ではないことを再度確認しておきたい（五野井隆史『日本キリスト教史』吉川弘文館、一九九〇年）。

ヴァリニャーノは、三度日本に来日し、日本イエズス会第一回協議会の結果をローマに書き送ったが、その報告書によれば、

「日本人は領主たちの命令によって（改宗を）おこなったのである。そして領主たちは、ポルトガル船から期待される収益の為に、彼らに（改宗を）命じたのである」（ヴァリニャーノ著、松田毅一他訳『日本巡察記』平凡社、東洋文庫二二九、一九七三年。傍点引用者、（）内は引用者補注）

と、領主たちが経済的な目的から領民を強制的に改宗させたことをはっきりと書き記している。

ヴァリニャーノは主としてインド地方を巡察した報告書の中で、日本人は領主の命令に従順に従って改宗したのであり、南蛮貿易と関係なく、自由意志によってキリシタンになった者はほとんどいないと記している。

「たとえ異教徒であっても大勢の領主は（キリシタン大名でなくとも）、領内にパードレたちが身を落ち着け、教会を設け、キリスト教徒を生み出すように尽力する。なぜなら、こうすればナウ船（南蛮船）やあるいはパードレから、その他の色々な利益を獲得できようと大勢の領主が判断しているからである。日本人は、自分の主人には非常に従順なので、主人がそうするように命じたり、あるいはそれが主人の

意思であることを理解すると容易に改宗する。これが洗礼を受ける者たちが大筋において、最初に（キリスト教の信仰の中に）入ってくる扉である。日本人についても同様にいいうるのは、（ナウ船を介さずに）我々の法（貿易を抜きにしてキリシタン）を直接受け入れ始めた者はほとんどいないということである」（ヴァリニャーノ著、高橋裕史訳『東インド巡察記』平凡社、東洋文庫七三四、二〇〇五年）

ポルトガル人のイエズス会司祭アフォンソ・デ・ルセナ神父は、ヴァリニャーノが初来日する前年の一五七八年に大村に赴任した。一六一四年（慶長一八）の大禁教令によってマカオに追放されるまで、三六年間の長きにわたって大村領内のキリシタンたちの世話をした。現在の長崎市もほぼ大村領に含まれているが、ルセナの回想録によれば、着任当時、大村領内はすべてキリシタンであったが、彼らは洗礼に必要なこと以外何も知らなかったと、大村キリシタンの実情について赤裸々に綴《つづ》っている。

「私が大村に来る二、三年前にこの殿は全民衆にキリシタンになること、もしそれを希望しないならこの領内を出て行くことを通知し命令した。神によって聖なる洗礼に呼ばれなかった人々は大村領を出て異教徒の領主の土地へ行った。それだから私が大村に来たときにはすでに全領民がキリシタンであった。しかし彼らはキリシタンの諸事についてはただ洗礼を受けるのに必要なこと以外には何も知らなかった。その時まで大村にいたパードレはその土地の言葉を知らなかったので、告解や聖体の秘跡を授けなかったし、その当時は洗礼を受けるのに必要な教理説教によって教育するのみで、救霊に必要なそれ以上のことは教えなかった。その頃告解した者は通訳を介してしたのであって、私も大村における最初の一年は言葉を知らなかったから同じ方法で告解を聞いた」（ヨゼフ・シュッテ編、佐久間正・出崎澄男訳『大村キリシタン史料　アフォンソ・デ・ルセナの回想録』キリシタン文化研究会、一九七五年）

岬の教会

一五六七年（永禄一〇）の冬、島原半島の口之津にいたルイス・デ・アルメイダ修道士が長崎に派遣され、長崎におけるキリスト教の布教活動が始まった。長崎は大村純忠の家臣で、純忠と一緒にキリシタンとなった長崎甚左衛門の領地であったが、一五七〇年（元亀《げんき》元）イエズス会は純忠と話し合い、長崎の港を測量してここに新しい貿易港を開くことにした。翌七一年春、現在長崎県庁のある細長い岬の突端に六ケ町が新しく作られ、そこに「岬の教会」が建てられた。

この年初めて長崎港にポルトガル船が入港し、一六三九年（寛永一六）、ポルトガル人が日本から追放されるまで、連年のように長崎に南蛮船が入港したのである。こうして長崎は南蛮貿易の中心地として、また日本におけるキリスト教布教の中心地として、全住民がキリシタンとなり、急速に発展していった。

長崎の町の人口増加は、一五七〇年の長崎開港当初約一五〇〇人、一五九〇年（天正一八）頃約二〇〇〇人、一五九四年（文禄《ぶんろく》三）頃約三〇〇〇人、一五九五年頃約八〇〇〇人、大禁教令が発布された一六一四年頃には約二万五〇〇〇人、最も増大した一六九六年（元禄《げんろく》九）には六万五〇〇〇人に達したといわれる。

二〇一四年現在、長崎教区のカトリック人口は六万一三〇〇人あまりで、長崎は全国で一番カトリック信者の比率が高いといわれる。それでも長崎県の総人口一三七万人の四・五％に過ぎない。四五〇年あまり前、長崎（大村領内）の住民の一〇〇％がキリシタンであったことは、それがいかに異常な状況であったか容易に想像できる。

長崎を観光で訪れる人の多くは、長崎市近辺や五島列島にたくさんの教会があるのをみてか、長崎人の五、六人にひとりくらいはカトリック信者と思い込んでいる人が少なくないようである。ちなみに、全国でカトリック信者比率が最も低いのは高松教区（四国全域）の四五五三人で、〇・一一四％である。たしかに長崎教区は高松教区の四〇倍あまりも高いが、ここにもイメージと実態の乖離《かいり》が見られる（『カトリック教会現勢 二〇一四年』カトリック中央協議会、二〇一五年）。

大村純忠は一五八〇年（天正八）長崎の町と、長崎郊外の茂木《もぎ》の港をイエズス会に知行地として寄進した。茂木は島原半島の有馬や天草などに船で渡るのに便利な港であった。純忠は九州三強のひとりとして強大な勢力を持っていた肥前の龍造寺隆信《りゅうぞうじたかのぶ》を非常に恐れていた。

イエズス会に寄進してしまえば、南蛮船の入る魅力的な港が攻撃目標となるのを避け、常に船を長崎に迎え入れることができたからである。ポルトガル船の停泊料はイエズス会に与えたが、貿易税は大村氏のものと取り決めたので、双方ともに一定の財源を確保でき、イエズス会にとっては有事発生時の避難場所としても好都合であった。

受洗者であっても

大村藩では、わずか二〇年あまりの間に、大名から家臣団、領民、仏僧や神主にいたるまで、領外に追放される道を選んだもの以外、六万人ひとり残らずキリシタンに改宗したのは事実である。「改宗した」とか「キリシタンとなった」と軽々しく口にするが、この言葉の意味するところを真剣に考えはじめると、ここまでに述べたようにさながら深い迷宮にさ迷いこむような思いである。

改宗したといわれる、彼らの信仰の中身は、つい私たちが頭の中で思い描いてしまいがちな、数多くの敬虔なクリスチャンが誕生したというようなイメージとは程遠いものであったことは、先に挙げたヴァリニャーノやルセナの記録によってもあきらかである。

宣教師たちは日本人に洗礼を授ける前に、どの程度までキリスト教についての教育を施したのであろうか。短期間に受洗者がこれほど多数にのぼり、またその一方で宣教師の数は極めて限られていたことを考えれば、到底民衆層にまで十分な教育が行き届かなかったであろうことは想像に難くない。

ここでは⑴教える側の宣教師の数と教えを受ける側の信徒の数、⑵洗礼のための教育システムとテキストについて考えてみたい。

このような問題を扱うために欠かせぬものは、信頼するにたる研究データである。もしそのデータを当時の報告書や書簡など、膨大な原資料の山の中からみつけ出し、自分で作成せねばならないとしたら、いったいどれほどの時間がかかることか、気の遠くなるような作業である。いま筆者もそれらのデータを利用させてもらおうとしているが、先人の地道な基礎研究の蓄積の恩恵にあずからずしては、一行の文章を書くのも容易ではないことを改めて痛感させられる。

キリシタンの教えを伝える側の関係者は大別すると、宣教師と一般役務者に分けられる。宣教師には、ポルトガル語で「パードレ（padre）」という、「司祭」または「神父」とよばれる者と、「イルマン（irmão）」とよばれる「修道士」がいる。よく耳にする「バテレン（伴天連）」という言葉はパードレが転訛《てんか》したものである。

パードレの中にも外国人で、来日時すでにパードレであった者と、日本でパードレとなった者がいる。ちなみに日本人で最初に宣教師となったのは、一六〇一年（慶長六）長崎でイエズス会司祭となった、平戸出身のセバスチャン木村と長崎出身のルイスにあばら（Niabara 宮原？）である。

一般役務者には、主としてヨーロッパ人宣教師に随伴して働いた「同宿《どうじゅく》」と「小《こ》者《もの》」、各地の教会の世話をした「看坊《かんぼう》」がいる。同宿とは宣教師を助け、キリシタンの教えを説いたり、一般の信者に説教をしたりした日本人の伝道士で、文字通り宣教師の手足となって働いた。同宿からイルマンやパードレとなる者も少なくなかった。小者とは、宣教師や同宿のお伴《とも》をして彼らの身辺の世話や、使い走りとして様々な雑務をこなした。看坊は教会を管理し、その地の信者の世話にあたった。

以下、五野井隆史の労作『日本キリスト教史』、『日本キリシタン史の研究』に記載されているデータにもとづいて、みていくことにする。

急速に増加するキリシタン信徒数に対して、来日外国人宣教師、および日本人で宣教師となった者の数は、地域差もあるが、かなり少なかったであろうことが想像される。はたしてその比率はどの程度だったのであろうか。一五四九年（天文一八）から一六四三年（寛永二〇）までの約一〇〇年間に、日本およびマカオ、マニラにおいて宣教活動に従事した宣教師数は、延べ総数四五〇名（内日本人一四九名）、その中でパードレは二七一名（日本人四〇名）、イルマンは一七九名（日本人一〇九名）であった。

日本にやってきた四つの修道会の宣教師と日本人教区司祭の延べ総数四五〇名の内訳は、イエズス会三一六名（パードレ一六二名、イルマン一五四名）、フランシスコ会六四名（パードレ四五名、イルマン一九名）、ドミニコ会三一名（パードレ二九名、イルマン三名）、アウグスチノ会二六名（パードレ二五名、イルマン一名）、教区司祭一二名となっている。

一五四九年から一五七六年（天正四）の初期布教期には、三、四年に一度、一名ないし四名程度、六四年（永禄七）から七六年までは二年間隔で宣教師がヨーロッパから日本に派遣された。巡察師ヴァリニャーノが来日する一五七九年（天正七）前後、急速に日本に派遣される宣教師の数が増大した。七六年には一四名、七七年には八名が派遣され、ヴァリニャーノ来日前年の一五七八年には、パードレ二一名、イルマン三〇名、計五一名が日本で布教に従事していた。

ヴァリニャーノが来日した七九年のキリシタン信徒数は一三万人、日本を離れた八二年（天正一〇）には一五万人であったが、九〇年（天正一八）には二五万人と急増し、教会数は約二〇〇であった。またイエズス会員の数もパードレ四七名、イルマン九三名、合計一四〇名と増大している。七八年度が五一名であったので、わずか一二年間に日本で働く宣教師の数は三倍弱に急増したことになる。

単純に割り算してみると、キリシタンに対する迫害が始まる前の一五九〇年当時、ひとりのパードレが受けもった信徒数は五三一九人、イルマンも合わせると一七八五人となる。そのほかにも日本語が十分でない宣教師を助けて説教を行う日本人の同宿が約五〇〇名いたので、これも加えるならば、三九〇名となる（ロペス・ガイ著、井手勝美訳『十六世紀キリシタン史上の洗礼志願期』キリシタン文化研究会、一九七三年）。

この数字は単純に総信徒数をパードレ、イルマン、同宿という教会の役務者数で割ってみたもので、全員が信徒たちの教育や世話に携わることができたわけではない。実質的には、そのような能力を有していた者はむしろ想像以上に少なかったというべきであろう。外国人の関係者には日本語による十分な意思伝達能力を備えた者は数少なかったし、日本人関係者の中でキリシタンの教えについてしっかり説明できるほど十分な教義理解能力を備えた者も数少なかったからである。

一六一四年二月、江戸幕府によって全国に徹底した禁教令が発布されると、事態は一変する。同年一一月、多数の宣教師、同宿、有力な日本人キリシタンがマカオ、マニラ、インドシナに分かれて追放された。その時、日本に潜伏して残留した宣教師は、イエズス会員一一五名中二六名（パードレ一八名、イルマン八名）、フランシスコ会員一〇名中六名、ドミニコ会員九名中七名、アウグスチノ会員三名中一名、日本人教区司祭七名中五名の合計四五名であった。

その当時のキリシタン信徒数は三七万人と推定されるので、計算上はひとり当たり八二〇〇人の信徒を世話しなければならなくなった。そのうえ、迫害によって宣教師たちは、昼間はほとんど活動が困難になったことを考えれば、禁教令が出された後は、信徒たちに対する指導は実質的に行えなくなった。

ちなみに二〇一五年度の日本のカトリック教会の情勢をみてみると、信徒総数四三万六五〇五人、聖職者数が一四一八人であるので、聖職者一人当たりの信徒数は三〇八人となる。

海外に追放された宣教師の中には、翌年以降、ひそかに日本に再潜入する者も少なからずいた。しかし、みつかれば直ちに捕えられるという禁教下では、信徒の世話をすることはおろか、むしろ逆に信徒の助けをえてやっと役人の手から逃れることができるような状況であった。五野井隆史は「全国的な禁教令施行によって、キリシタンの大部分は棄教を迫られ迫害されて、大部分の者が表面的には信仰を捨て、やがて信仰から離れていった」と述べている。

教義書を理解できていたのか

洗礼とは神より信仰の恵みをいただき、受洗前の罪深い生き方を悔い改めて再生し、信者として認められる入門式のことである。宣教師たちは日本人に対する洗礼のための教育プログラムとテキストをどのように考え、実践したのであろうか。

イエズス会司祭ロペス・ガイによれば、一五六七年（永禄一〇）インドのゴアでおこなわれた会議において、アジアの諸布教地においては、洗礼を望んでも三ヵ月以内に授けてはならず、信仰箇条（キリスト教徒として信ずべき重要な教え）と十戒（モーセが神から与えられたとされる一〇の戒律）を理解しなければならないとされた。

改宗者が多様なために、三ヵ月という期間を定めることは不可能であるとしたが、信ずべき事柄についての教育なしに洗礼を授けてはならぬとされた。日本では、当初から洗礼のための教育期間は一週間というのが普通であった。教理教育を十分に受けてなかった者の多くは容易に離教するので、丸一週間、一日に一度だけ説教し、航海や戦争に行く者は三日間に短縮し、一日二度説教することになっていた。

ひとつの説教が二時間にわたっておこなわれたと仮定すると、一週間で約一五時間の集中講義を受けて、洗礼のための準備教育が完了したことになるが、これはあくまでも机上での計画どおりに指導がおこなわれた場合と考えてよいであろう。

実際には宣教師の自由裁量に任されており、そのような丁寧な指導は、時間をかけて説教を聞くことができたごく一部の大名や有名な武士など、特別なケースに限られていたことであろう。一般民衆に対する洗礼の場合は、せいぜい一、二度簡単な説明がなされる程度であったと考えられる（ロペス・ガイ著、井手勝美訳『十六世紀キリシタン史上の洗礼志願期』キリシタン文化研究シリーズ八、一九七三年）。

現代の私たちが洗礼の準備のために、教会で開かれる要理講座に一年間毎週一回通ったとしても、その教えをしっかり理解するには十分とはいえない。洗礼を受けた後も継続的な教育が必要である。キリシタン時代に宣教師が長期間常住できた地域はごく限られていた。年に一回から数回、あるいは数年に一回程度宣教師が巡回してくるところも少なくなく、迫害が厳しくなるにつれ、この傾向はいっそう強くなっていったのである。

キリスト教について知るために、初歩的な事柄をやさしく書き記した、キリシタン教義書『ドチリナ・キリシタン』が広く流布したことが、受洗者獲得のおおきな力になったといわれる。しかし、ポルトガル語やラテン語も多く混じるその文章を、いくばくかでも理解できたのは、宣教師や同宿の丁寧な説明を聞ける立場にあり、高い教養を身につけたごく一部の者に限られていたといってよい。

一般民衆の中でこれを読んでキリスト教とは何か理解できた者が皆無に近かったことは想像に難くない。通常は、日本語で説教することのできない外国人宣教師に代わって、日本人の同宿、看坊などがドチリナの解説を交えながら、わかりやすくかみ砕いて口頭で説いたのである。

そこで扱われた大切な七つの説教のテーマは、

①天地万物の創造主デウス
②霊魂の不滅
③創世記、世界の創造、原罪
④三位一体の神
⑤キリストの降臨
⑥十戒
⑦洗礼

についてであり、それにキリスト教の根本の教えが加えられた。ヨーロッパからやってきた宣教師で、七つの説教を日本語で行う語学力を有していた者は皆無に近く、日本人の説教の同宿、看坊などが平易な形で説いていたのである。ただ教える側の彼らとて、はたしてどの程度までその内容を理解できていたのかは、疑問が残る。

ここでどの程度の難易度の文書なのかを知ってもらうために、一五九二年（文禄元）天草のコレジオで刊行された、『ドチリイナ・キリシタン』の中に書かれている、洗礼についての教えの一節を紹介してみよう。

弟　この七つのサカラメントのうちに、第一は何れぞや？

師　まづ第一にはバウチズモのサカラメントなり。このサカラメントはキリシタンになるためと、また余のサカラメントを受け奉るべきためにも下地となるなり。

弟　バウチズモとは何事ぞ？

師　バウチズモとは、キリシタンになるサカラメントなり。これを以てヒイデスと、ガラサを受け奉り、オリジナル科《とが》と、その時まで犯したるほどの科を許し給ふサカラメントなり。これ即ち本々《ほんぼん》の道より受け奉るにおいてはの事なり。

弟　このサカラメントを何と様に授け給ふぞ？

師　これを授かる人の頭《かうべ》か、せめてその人の身の上に水をかくるとともにこの文《もん》をとなゆべし。如何にペドロ、パウロとなりとも、名を付けて、パアデレと、ヒイリヨと、スピリツサントのみ名を以てそれがし汝を洗ふなり　アメン、といふべし。これを経文《きやうもん》の唱へには何《いづ》れの名なりとも、付けて後、エゴ　テ　バウチイゾ　イン　ノウミネ　パアチリス　エツ　ヒイリイ　エツ　スピリツス　サンチ、アメンといふなり。（後略）

（海老沢有道、岸野久校註「ドチリイナ・キリシタン」、海老沢有道他編著『キリシタン教理書』キリシタン研究

第三〇輯、教文館、一九九三年）

この『ドチリイナ・キリシタン』は弟子が尋ねて、師が答えるという問答形式になっている。『ドチリナ』はキリシタン版のなかではもっとも読みやすいもののひとつとされているが、それでもラテン語、ポルトガル語交じりの文は、高等教育を受けた現代人とて決して簡単に読みこなせるものではない。

「キリスト教の教えを易しく説いたこのような教本が流布していた」からとか、「日本は識字率が高かったので、宣教師のいない潜伏時代に入っても、ドチリナを読んで人々はその教えを守り伝えることができた」などというのは、現代のインテリであり、またキリスト教に関するしっかりとした知識を持った当人の知的レベルを基準に考えた空論である。

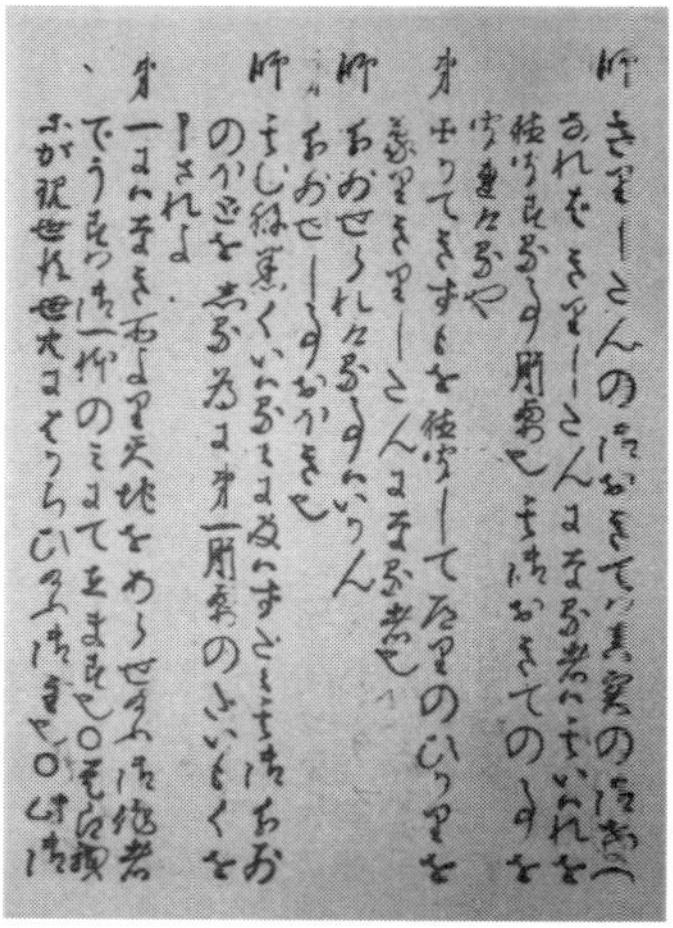

天草一五九二年版
『ドチリイナ・キリシタン』の序文

一度や二度、このようなキリシタンの新しい教えを聞いただけで、これまで慣れ親しんできた神仏信仰を捨て、キリシタンになろうと決心できるものであろうか。それほど簡単にキリシタンに改宗できるという話も不思議だが、それ以上に不思議なのは、日本人はこれまで大切に拝んできた神様や仏様をいともたやすく否定し、神棚や仏壇や先祖の位牌を焼き捨てたという宣教師の記録である。

神も仏もないといわれる現代日本社会に生きる我々にとっても、さほど容易なことではなかろう。ましてや、戦国時代や江戸時代の日本人にそのようなことができたとは考えられない。この記録を書いたのはキリシタン宣教師である。本国向けの布教費獲得のための宣伝的なものとみるのが妥当である。領主の命令で簡単に改宗した日本人をみて、日本人は容易にキリシタンの教えを理解し、偽りの神仏を直ちに捨てる理性的な民族であると都合よくみなして報告書を書いたのである。

キリスト教という一神教への改宗は、なによりも、日本人がそれまで信じてきた神仏信仰が誤りであったことを認め、万物の創造主であり唯一絶対なるあたらしい神の存在を信じることにある。しかるに、この時代のキリシタンへの改宗事業は、キリシタン大名が全領民を力ずくでキリシタンに改宗させるということを前提として進められたものであり、神仏信仰の是非が問われたわけではなかった。キリシタンに改宗させるために必要な最低限の教育が不徹底な形で施されたにすぎなかった。

東馬場郁生によれば、ヴァリニャーノは、『Valignano's Mission Principles for Japan（「ヴァリニャーノの日本における布教方針」）』のなかで、一五八〇年頃、キリシタン以外の日本人に説教ができたのは、日本人伝道士だけであり、日本人こそが異教徒に説教し、改宗させる人々であると記している。日本での滞在が長く、ヨーロッパ人宣教師たちの中で最も日本語に堪能《たんのう》であったといわれるルイス・フロイスでさえ、公の場でキリシタン以外の日本人に説教することはできなかった。

ヨーロッパ人宣教師が日本にいても、実際に日本人にキリスト教を説いたのは日本人の同宿であった。そしてその同宿たちは、キリスト教のメッセージを伝える十分な知識を有し、聖職者としての資質を備えてはいなかったのである。

ヴァリニャーノの一五八〇年の手紙によれば「彼らが心得ていたのはカテキズモ（キリスト教の基本的な教え）だけで、それを暗唱し、オウムのように話すだけであり」、修道院での生活の経験もなければ、書籍に親しんだり、他の教育も受けていなかったのである（東馬場郁生『きりしたん史再考 ―信仰受容の宗教学―』グローカル新書、二〇〇六年）。

キリシタン布教の初期、まだ宣教師がいたキリシタン時代においてすら、一般民衆に対するキリスト教の教理教育は、このように極めて浅いレベルのものが不徹底な形で行われていただけであった。受洗したおおくの人びとが心から回心して、敬虔なキリシタンとなったというイメージを抱いている現代人が多いが、それは作りあげられた幻想にすぎないことをくり返しになるがここでしっかりと理解したい。

　ましてや、そのような人々の子孫が、潜伏時代の厳しい迫害下、指導者たる宣教師すらひとりもいない中で、二三〇年間にわたり仏教を隠れ蓑としながら、殉教するほどに深くキリシタンの信仰を守り通してきたというストーリーが成立しないのは自明である。ただ、彼らが命がけで何かを守り通そうとしたということだけは紛れもない事実であるが、その守り通してきたものは、キリスト教ではなく別のなにかだったのだ。

第三章

改宗後のキリシタン信仰の姿

前章ではキリシタン時代初期における日本人、ことに民衆層におけるキリシタン改宗の実態を、キリシタン大名による集団改宗に焦点を当てて論じてきた。大多数の人々がキリシタンの何たるかもよく知らずして、為政者の意に従って受洗したというだけでは、あまりにも話を単純化しすぎているとの指摘もあろう。従来のキリシタン史の見方に対する再検討を行うべく、多くの人々が陥ってきた落とし穴がどこにあるのか、その問題点をはっきりさせるために話をシンプルにしてみようと試みたのであり、お許しねがいたい。

そこで本章では改宗者の階層を武士層、知識人層、民衆層の三層に大別し、それぞれの階層に属する人々がキリシタンに何を求めていたのか、階層によるキリシタン改宗の意味・目的のちがいを考察してみることにする。

改宗したキリシタンはキリスト教徒

先述した、従来のステレオタイプなキリシタン史の見方の問題点は次の二点に絞られる。第一点は、キリシタン時代に殉教も辞さぬほど敬虔《けいけん》なキリシタン信者が多数生まれたと思われていること。第二点は、潜伏時代に入っても、表向きは仏教徒を装いながら、隠れてひそかにその信仰を守り通したと考えられていることである。

むろん敬虔な信仰を示した人々、殉教した人々がいたこともまた事実であるが、それは記録が残っているごく一握りの例外的なケースである。その一部の英雄的な信徒像が、記録に残らない大多数の人々にも重ね合わされ、みな等しく敬虔で熱心なキリシタンであったに違いないという連想にむすびついてしまう。

大多数の一般民衆が必要な教えを受ける機会もなく、キリシタン大名による強制的な集団改宗によってキリシタンとなったことは、これまで詳述してきたとおりである。なにが「事実（fact）」であり、何が作られた「物語（story）」であるかをしっかりと再確認する必要がある。事実は信仰を危うくすることはない。危ういのは、事実から目をそらし、夢とロマンの物語の世界から抜け出そうとしないことにある。

はじめてキリシタンと接した日本人は、キリスト教をどのようなものと考え、どのような関わりを作り上げていったのか。それは階層によってもかなり大きな違いがあると思われるので、もうすこしていねいに武士層、知識人層、民衆層の三つにわけてみていくことにする。

武運長久を求めた武士

戦国時代、戦さに明け暮れる武士たちは、あらたなキリシタンの神に何を求めたのであろうか。武士が最も神仏に頼るのは、戦場において命がけの戦いをおこなうときであろう。「勝負は時の運」、「天我に味方す」、「運を天に任せて」というような言葉に示されるように、戦いは常に己の力だけでなく、運とか天といった超自然的な力に左右されると信じられてきた。それゆえ出陣の前には必ず、武士の守護神たる八幡大《はちまんだい》菩薩《ぼさつ》や摩利支天《まりしてん》などに戦勝、武運長久祈願をおこなった。

鉄砲がポルトガル人によってもたらされ、その力は驚異的なものであり、戦国武将たちは競ってこれを求めた。それと同時にポルトガル人によってもたらされたキリスト教の神も、鉄砲同様に大いなる力を有する新しい神として、武士の心をひきつけたことであろう。

イエズス会司祭ルイス・フロイスが一五八三年から九四年にかけて著述した『日本史』によれば、日本最初のキリシタン大名大村純忠は、戦場に向かうときにそれまで拝んできた摩利支天堂を「幾度予を欺いたことか」といって焼かせ、そのあとに十字架を立てさせ、これを拝んで出陣したという。また肌身離さず身につけ、幾多の危険から純忠を守ってきた金の十字架をトーレス神父に送り、代わりにもっと効き目のある十字架との交換を求めた。戦場ではトーレス神父から送られた十字架の旗印を用い、左の胸に十字架、右の胸にイバラの冠と釘《くぎ》、背には十字架を描いた甲冑《かっちゅう》を使用した。

武士はふつう出陣に際し、神符、教典、神仏の小さな像などをお守りとして身につけていたが、キリシタンとなった武士たちは、それらを捨てた代わりとして、新たな護身符を宣教師に求めた。彼らはキリシタン信仰の証《あか》しとして十字架、メダイ、ロザリオ、聖遺物、聖人の名や聖書の一句などを書いたものを求めたのではなく、南蛮渡りの不思議な力を有し、もっと効き目のある呪術《じゅじゅつ》にすがるためのお守りを求めたのだ。

大友義鎮の家臣であった林ゴンサロは、戦場の矢来の正面一四、五歩のところから鉄砲で撃たれた。弾丸は衣服を貫いていたが、身につけていたキリシタンの聖遺物入れの皮袋に命中していた。皮は貫かれていたが、中に入っていた小さなアニュス・デイ（キリストを意味する子羊の文様を刻印した金属製メダイ）、その他の聖遺物を包んだ紙は貫かれておらず、体にはかすり傷ひとつなかったという。

またあるキリシタンの武士は、月曜日から日曜日まで、毎日ひとりずつ異なる聖人に身を守ってくれるよう頼むことを習慣にしており、その七人の聖人の名前を書いた小さな木札を腰に携えていた。彼も銃撃されたが、弾丸はその聖人たちの名前を書いた札に当たり無事であった。戦場では、ゼズスやマリアや軍神たるサンチャゴの名を叫んで突撃していった。大村純忠の部下は、純忠の洗礼名である「バルトロメオ」の名を叫んだという。

このような話は『イエズス会士日本通信』、『イエズス会日本年報』、フロイスの『日本史』などに多数みいだすことができる。宣教師たちは、キリシタンに改宗した武士たちのこのような行為を、なんの疑いもなく熱心なキリシタン信仰の表現と理解したことであろうが、それらはキリシタン伝来以前の日本の伝統的な呪術的信仰が、新しいキリシタン風の衣をまとっただけで、旧来の呪術的、現世利益的信仰の中身にはなんら変わりはなかったといえよう。

自然科学に魅せられた知識人

キリシタンは宗教とともに数学・物理学・医学・薬学・天文学・宇宙論などの自然科学、印刷術・航海術・測量術・武器・火薬といった科学技術、および音楽・楽器・絵画・時計・眼鏡・鏡・酒・菓子・服飾などの優れた芸術や、珍奇な文物もあわせて日本にもたらした。

イエズス会の宣教師たちは、日本の知識人に対してキリスト教の教えを説く場合には、まず彼らが強い関心を示した西洋の自然科学知識を紹介することによって、キリスト教への関心を抱かせようとした。地球が丸いこと、天体の運行、日蝕《にっしょく》、月蝕、月の満ち欠け、雷、雲、雨、雪などの自然現象や地震などについて説明し、その進んだ科学知識に驚嘆させ、キリスト教に権威を持たせた。しかるのちに唯一の天地万物の創造主の存在、霊魂の救済について説き、日本の諸宗教がいかに偶像崇拝にみち、誤っているかを示した。

一六〇四年（慶長九）から一一年（慶長一六）まで、都で布教活動をおこなったイタリア人のカルロ・スピノラ神父は、その間に二〇〇〇人以上に洗礼を授けたが、その中には多くの身分の高い者も含まれていた。

スピノラは「この貴人たちも我等の事柄を好奇心から見聞するために何度もやってきました。彼らに天文学に関するいくつかの機械を見せ、その話から入りました。それらの物に対してどれ程興味を示し、我等の聖なる教えが真実であることを理解させるためにどれ程役に立ったかは簡単に述べることはできません。天体の動きや気象学のことなどすべて道理に適《かな》ったように説明しましたので、それは彼らの司祭たるボンゾ（坊主）たちが教える荒唐無稽なこととは大いに異なっていました」と、進んだ自然科学に対する知識が、キリスト教に対する信頼を生み、都の知識人の改宗にむすびついたと述べている（拙稿「カルロ・スピノラの都・長崎よりの三書簡」純心女子短期大学紀要第二一集、一九八四年）。

一五六〇年（永禄三）、ガスパル・ヴィレラ神父は京都における布教を開始し、法《ほっ》華《け》宗の学問僧や、大徳寺《だいとくじ》の禅僧らと宗論をおこなったが、平安時代以来の陰陽道《おんみょうどう》の名家賀茂在昌《かものあきまさ》は日蝕、月蝕、天体の運行について聞き、都で最初のキリシタンのひとりとなった。また大徳寺の老僧をはじめ一五名の仏僧、公家《くげ》、武士も改宗した。

さらに当時都における最高の知識人といわれた結城山城守忠正《ゆうきやましろのかみただまさ》、吉田《よしだ》神道の継承者で儒教にも造詣《ぞうけい》の深かった清原外記枝賢《きよはらげきしげかた》、足利《あしかが》学校に学び全宗派についての知識を有し、八〇〇人の門弟を抱えて当代第一の医者とうたわれ、茶人でもあった曲直瀬道三《まなせどうさん》らの改宗によって、畿内における受洗者の数は急速にのびた。

彼らの改宗は、他地区のようにキリシタン大名による強制的なものではなかった。キリシタン宣教師がもたらした自然科学の領域における高い学問的な知識にひかれ、自由意志によってキリシタンに接近したのである。しかし、どれほどキリシタンの教えそのものに心ひかれて改宗したのか、即断するのは困難である。少なくとも彼らの場合でも、受洗した人々はみな敬虔なキリシタンとなったというような、安易なイメージに基づく判断をくだすことがないように注意が必要である。

知識人層の改宗者としてもっとも興味深いのは、仏僧からキリシタンに改宗した不干斎《ふかんさい》ファビアンである。彼は僧名を恵俊《えしゅん》（恵春）といい、京都臨済宗大徳寺に入り、一五八三年（天正一一）京都で受洗した（坂元正義『日本キリシタンの聖と俗　背教者ファビアンとその時代』名著刊行会、一九八一年）。

改宗の動機は明らかではないが、その後、イエズス会に入り、イルマン（修道士）として活躍したところをみると、強制されたのではなく、みずから感ずるところがあってキリシタンに改宗したようである。一六〇五年（慶長一〇）、仏教・神道・儒教を論破したキリシタン護教書『妙貞問答《みょうていもんどう》』を著したが、一六〇八年（慶長一三）イエズス会を脱会し、一六二〇年（元和《げんな》六）こんどは反キリシタン書『破提宇子《はだいうす》』を著した。

キリシタン思想をある程度まで理解できた日本人は、この京阪地方を中心とした一部の知識人層であったといっても過言ではない。他地区のような政治的、経済的動機による改宗意図は顕著にみられない。日本人として到達した最上のキリシタン理解のレベルをうかがい知るにはファビアン研究は不可欠である（末木文美士編『妙貞問答を読む　ハビアンの仏教批判』法藏館、二〇一四年）。

現世利益と民衆

武士層の改宗の動機には政治的、経済的、思想的なもの、知識人層の場合は自然科学に対する知的関心などがみられたが、一般民衆にあっては、これらの理由とはほとんど無縁である。しかし、領主によって強制されたからというだけでは説明できないものがあろう。

彼らは数の上からも圧倒的な多数を占めていたが、キリシタン弾圧が開始されると、一部の例外を除けば、まず棄教したのは武士層や知識人層であった。一転して領主の棄教によってキリシタンを捨てることが強制され、集団改宗とは逆の集団棄教が生じた。それでも潜伏時代を経て幕末までキリシタン信仰を伝えたのは農漁民たちであった。そこには彼らなりのキリシタン受容の意味が存在したはずである。

いつの時代もそうであろうが、ことに封建時代にあっては、民衆層の切なる願いは家内安全、無病息災、病気平癒、大漁・豊作満足、商売繁盛といった現世利益的なものであり、その願いは祖先祭祀《さいし》や、護符、呪文、唱名、卜占《ぼくせん》、山伏や祈禱《きとう》師による民間の加持祈禱といった呪術的な行為によっておおくは表現されていた。その願いが叶《かな》えられるのであれば、いかなる神仏であろうともすがることに拘泥はなかったであろう（岡田章雄『キリシタン風俗と南蛮文化』思文閣、一九八三年）。

戦国末期、ことに江戸時代に寺請制度が実施されてからの仏教は、民衆の精神的救済機能を失い、むしろ彼らの生活を管理統制する機関となった。そのような状況の中で、民衆が新たな力ある南蛮の神に救いを求めたとしても不思議はない。ただ彼らはキリシタンの教えを理解して改宗したわけではなかったのであるから、受洗の前後でなにか根本的な変化があったわけではない。あったとすればキリシタンという新しい神をまた一つ加えたということである。決して神仏信仰を捨て、唯一絶対なるキリシタンの神に帰依し、敬虔なクリスチャンとなったわけではなかったことは再度指摘しておきたい。

キリシタンを非難した稗史《はいし》『長崎拾芥《しゅうがい》』にも、「彼の南蛮人ヤソ宗門を弘めここかしこに寺を建て、己れのヤソ宗門に引き入る事を計らう。商売の為に来るといえども利潤は多少を争はず、金銀を取らせ人の心を悩まし、貧賤の者には猶これを取らせ、富貴之者には美食様々にもてなし、音信贈答に結構を尽くし、ひたすらに諸人の心を邪宗門に引き込むことを思うにより、ついに貴賤とも帰依して彼の教えに従う者多し」と、キリシタンがもっぱら社会救済活動をもって民衆に恩義をかけ、その後でキリシタンに引き入れようとしたと非難しているが、貧窮した民衆にとってはまさに天の救いであったろう（越中哲也編『長崎拾芥・華蛮要言』純心女子短期大学、一九八八年）。

しかし、宣教師たちは『長崎拾芥』の著者が述べるような改宗を条件として貧者、病者の弱みにつけ込もうとしたのではなかった。アルメイダ修道士は治療中には患者が洗礼を受けたくとも受けさせず、健康が回復したのち教理を学ばせてから受洗させた。一般民衆がキリシタン信仰に接近した動機のひとつとして、強制的な集団改宗の背後に、キリシタンの救貧活動、治病活動という隣人愛の実践の姿に接し、その当時の日本の宗教界に欠けていたものをキリシタンの神に求めた人々がいたこともまた事実である。

彼らは洗礼を受けたが、キリシタンの神とはいったいどのような神なのかよく知らなかった。わかっていたのはキリシタンという名のご利益のあるありがたい神ということだけであった。実際には目にみえない抽象的な神にすがったのではなく、民衆のなかには目の前の宣教師の隣人愛的行動に導かれて受洗した者もいた。

キリシタン信仰の呪術性

キリシタンたちが聖人の遺物や聖像、聖画、十字架、メダイ、ロザリオ、聖水などの聖具を手に入れるために示した情熱にはすさまじいものがあった。多くの貴人や身分ある人たちは、ひとつのアニュス・デイ、御像、ロザリオを手に入れるために、一五日から二〇日間も宣教師のあとをついてまわった。その欲しいものを手に入れるために祈りを捧《ささ》げ、苦行の鞭《むち》打ちを絶えずおこなったり、断食をしたという。宣教師たちはその行動を熱心なキリシタンとなった証拠と考えたであろうが、はたしてそのようにみなしてもよいものであろうか。

似たような事例であるが、一五九七年（慶長二）に殉教した二六聖人の遺体は、西坂の処刑場に八〇日間晒《さら》されたが、その間、信徒たちは殉教者の骨、爪、髪の毛、衣類の一部、血の染みた土などを手に入れようと競い合った。このことは信徒たちのキリシタン信心の篤《あつ》さの表れと一般に見なされるが、そうではない。

彼らはキリシタンに改宗する時に仏像、仏壇、位牌《いはい》、数珠《じゆず》、お札、お守りなどを破壊、焼却させられており、神仏像のかわりにキリストやマリア像、数珠の代わりにロザリオ、経文の代わりにオラショや聖書、お札やお守りの代わりに十字架やメダイといった新たな呪物を求めただけなのである。

彼らにとって欠くことのできない大切なものは、これまで慣れ親しんできた、呪術的な現世利益をもたらす呪物であった。キリシタンに改宗したといっても、仏教や神道の衣の上にキリシタン風の衣を重ねたにすぎず、日本の諸宗教の根底に普遍的に浸透している現世利益的、呪術的信仰構造にはなんら変化はなかった。

カトリックには犯した罪を司祭に告白して許してもらう儀式があるが、ドミニコ会のディエゴ・コリャード神父が日本で集めた懺悔集《ざんげ》がある。その中に、子供が重い病気に罹《かか》ったときに、一心にデウスに祈ったが効き目がなく、異教徒の意見を聞いて山伏を呼び、祈禱をさせ、守り札もかけさせたといった類《たぐい》の告白が散見する（原著　コリャード著、ローマ、一六三二年刊、大塚光信校注『懺悔録』岩波文庫、一九八六年）。

また犯した罪の究明のための手引書である『サルヴァトール・ムンジ』には、キリシタンとしてしてはならぬことがさまざまに書かれている。「神仏の罰を恐れたる事ありや。又人間に罰・利生（仏のご利益）を与える事叶うべきと思いたることありや」、「ゼンチョ（異教徒）の法に任せ、月待ち・日待ちをし、或は祈禱の為に巫女《みこ》、陰陽師・山伏などを呼びたる事ありや」、「占い呪いなどを我とするか、人にさする事ありや」、「時日・方角を見、夢を信じ、鳥・獣の鳴き声を気にかけたる事などありや」などといった、日本人が日常的に行ってきた宗教的な慣習があげられているが、キリシタンとなっても、身にしみついていた異教的信仰を清算するのは容易ではなかった。

第四章

潜伏時代のキリシタン信仰

潜伏時代のキリシタン信徒の信仰生活のありようは、資料の欠落によってもっとも解明が困難な時期であり、これまで資料に基づいた実証的な検証は一部のエリアを除き、ほとんどなされてこなかったうらみがある。しかし、二三〇年あまりにおよび、日本におけるキリスト教の歴史の半分近くを占めるこの時代を抜きにしては、日本のキリスト教の歴史は語れない。

潜伏時代の終わりに、大浦天主堂における奇跡とされる「信徒発見」があったが、そのことを根拠として、しっかりとした検証なしに、「潜伏時代を通して仏教を隠れ蓑《みの》として秘かに信仰を守り通した」という歴史像が作りあげられてきた。

本章ではすこしでも潜伏期の信仰の姿を明らかにすべく、この時期の唯一といってもよい信徒側の文献資料として『天地始之事』をとりあげ、また潜伏時代にしばしば勃発《ぼっぱつ》した大規模なキリシタン摘発事件である「崩れ」における、役人側の取調調書を手がかりとして、その実態の解明を試みてみたい。

キリシタンはなぜ弾圧されたのか

一五八七年（天正一五）、伴天連《ばてれん》（宣教師）追放令を発布した秀吉は、一五九七年（慶長二）長崎で二六聖人を処刑し、その翌年没した。政権は徳川氏に移り、その後、家康は幕藩体制の基礎が固まるまでは、キリシタンに対する積極的な弾圧を控えた。秀吉亡き後、西国の大坂方に味方する大名の中には、キリシタン大名およびそのシンパが多数残っていた。これと当時世界で最強であったスペイン・ポルトガル勢力が手を結べば、徳川政権としても安穏としてはおれなくなる。また一方、関東・マニラ間のスペイン通商貿易が進展せず、家康はイエズス会が仲介する長崎・マカオ間の貿易が、キリシタンを弾圧することによって失われることを恐れていた。

カトリック国のポルトガルとスペインは、必ず貿易と布教を一体として推進していたが、プロテスタントのイギリスとオランダは、貿易の目的だけで東洋に進出してきた。一五八八年英仏海峡で行われたアルマダの海戦において、スペイン無敵艦隊はイギリス海軍に敗れた。それを契機として、ポルトガル・スペイン貿易に代わって、イギリス・オランダ貿易が重要性を増してくると、幕府にとって政権安定の妨げとなるキリシタンを保護する外交的必要性が無くなり、本格的にキリシタン禁教に乗り出すこととなった。

一六一四年（慶長一八）、幕府は全国的なキリシタン禁教令と、宣教師および有力な信徒の国外追放令を出した。ここに二百数十年におよぶ江戸幕府の徹底したキリシタン弾圧が開始された。全国の教会や修道院はすべて破壊された。宣教師たちや有力なキリシタン大名高山右近、内藤徳庵《ないとうとくあん》とその家族、内藤ジュリアと一五名の修道女を含む総勢三五〇名以上の人々がマカオとマニラに分けて国外追放された。

しかし、追放された宣教師たちの中には、さまざまな努力を払って禁教令下の日本に再潜入を試みた者も少なくなかった。一六一五年から一六四三年（寛永二〇）の間に、秘かに日本に戻ってきた宣教師の数は一〇一名にのぼる。その多くは各地で捕えられ、一部の棄教者を除いて殉教を遂げている。その後、禁教体制は一段と強化されていった。

島原の乱を機に幕府はキリシタンをみつけ出し、取り締まるための種々のシステムを整備していった。棄教者に対して書かせた「転《ころ》び証文」、キリストやマリアなどの像を信徒に足で踏ませた「絵踏《えふみ》」、五軒による隣保班をつくらせ相互に監視させた「五人組」、キリシタンを訴え出た者に褒美を与える「訴人褒賞制《そにんほうしょうせい》」、一万石以上の大名に宗門改役をおくことを命じた「宗門改制《しゅうもんあらため》」、すべての日本人は必ずどこかの寺の檀家《だんか》となることを強制した「寺請《てらうけ》制度」、キリシタン本人や転びキリシタン、およびそれらの親族を特別な監視下においた「類族改《るいぞくあらため》制」である。

家康は信長・秀吉時代の一向一揆《いっこういっき》などに悩まされた経験から、仏教を幕府の強い統制下におくことにした。「寺院法度」によって本山末寺の制度を徹底し、寺社奉行の監督のもとに、本山に末端の寺院の統制監視を行わせた。幕府は棄教したキリシタンは強制的に仏教徒に改宗させ、そのことを寺に保証させた寺請証文を出させた。

一六三五年（寛永一二）には、キリシタンを捨てた「転《ころ》びキリシタン」以外の全住民に対しても適用され、日本人はすべてどこかの寺の檀家となることが義務付けられ、信教の自由は失われることになった。

一六七一年（寛文《かんぶん》一一）、全国に宗旨人別帳あるいは宗門改帳の作成が命じられ、民衆は奉公、旅行、婚姻、死亡、出生、移住、離婚などの際に寺請証文が必要とされた。寺院は幕府の民衆統制の重要な役割を担わされるようになり、僧侶《そうりょ》は身分と生活を保証されたが、本来の宗教者としての活動は停滞を余儀なくされた。こうして仏教は民衆の心から離れてゆくことになり、幕末の排仏論、明治維新期の廃仏毀釈《きしゃく》に結びついていった（清水紘一『キリシタン禁制史』教育社、一九八一年）。

キリシタンは布教を進めるなかで、日本の諸宗教とのあいだに多くの宗論を闘わせた。宣教師側の記録によれば、一方的にキリシタンが仏教を論破し、その結果、仏僧を含めて多くの聴聞者がキリシタンに改宗したように記されているが、実際はそのように単純なものではなかったであろう。日本側の史料がほとんどないので情報に偏りがあり、宗論の本当の姿はみえてこない。

キリシタン布教の最大の敵は仏教であった。なんとしてもこれを論破せねばならなかったヨーロッパ人宣教師は、仏教は人間である釈迦《しゃか》を神として崇拝する偶像崇拝としかとらえることができず、本質的な相互理解はなされることなく、互いに枝葉末節な点で論駁《ろんばく》しあうだけに終始した。

日本の宗教土壌にはきわめて寛容な側面がある。しかし、その寛容さは互いに相手を認め、尊重しあうならばという前提の上であって、自己を否定されてまでも受け容《い》れるということではない。外来宗教の仏教も儒教も道教も、神儒混淆《こんこう》、神仏混淆、神儒仏三教一致、陰陽道《おんみょうどう》といった形で反目しあうことなく日本に土着化していった。

ヴァリニャーノは日本文化への順応方針を打ち出したが、これはあくまで文化の表層を形成する部分における適応であって、ヨーロッパ文化・キリスト教文化が最高のものであって、真の救いにいたる道はキリスト教をおいて他にはないという大前提を崩すものではなかった。

もしキリスト教が日本において神基混淆、仏基混淆、儒基混淆、神儒仏基四教一致をある程度まで受け容れていたとしたら、日本人とキリスト教の関係はおおきく違っていたことであろう。浄土《じょうど》教の阿弥陀《あみだ》信仰、悉皆成仏《しつかいじょうぶつ》という救済信仰が、キリシタンの贖罪《しょくざい》信仰（キリストが十字架上の死によって神に対する人類の罪を償ったこと）とのあいだに相互理解を深めることはさほど困難なことではない。

仏教は伝来当時、蕃　神《あだしくにのかみ》（隣り国の神）で、力あるあらたな神のひとつとして日本人に受け容れられた。キリシタンとなった一般民衆も一神教としてのキリスト教を理解できたわけではなく、あらたな天竺《てんじく》渡りの仏教の一派程度の認識しかなく、受洗後も従来の神仏信仰はほとんどかわることなく続いていたことはこれまで述べてきたとおりである。

キリシタンが近世日本において徹底的な弾圧をこうむった原因は、キリシタン大名勢力と、スペインやポルトガルが手を組んで、日本を奪うというような政治的な理由もあったであろう。しかし、それよりも宣教師たちが南蛮貿易の魅力によってまず領主層をキリシタンに改宗させ、その権力によって民衆に集団的改宗を強制し、神社仏閣を破壊しようとしたところにあったのではなかろうか。その結果として生じたキリシタンへの弾圧は、日本人として当然のリアクションであったというべきであろう。

一五八七年（天正一五）、豊臣秀吉が発布した、宣教師追放令の関係個所を抜き出してみる。原文をやさしい読み下し文にした〈（ ）内は引用者補注〉。

一 日本は神国たる処きりしたん国より邪法を授け候儀、はなはだ以《もっ》てしかるべからず候事

一 その国郡の者を近付け門徒（キリシタン）になし、神社仏閣を打破らせ前代未聞に候［後略］

一 伴天連《ばてれん》その知恵の法を以て、心ざし次第に檀那（信者）を持ち候と思召《おぼしめ》され候らへば、日域（日本）の仏法をあい破る事曲事《きょくじ》（不法な行い）に候［後略］

この三か条のいわんとするところは、日本は神々が宿る神道の国であるが、キリシタンは日本の諸国の民を手なずけて信者にし、神社やお寺を破壊していることは前代未聞で許しがたいことである。伴天連（宣教師）が思うがままに日本人を信者にしようとするならば、それは日本の仏教を破壊する不法行為であるといっている。秀吉が三か条をも費やしてキリシタンの布教方法を批判していることは、宣教師を国外に追放するための単なる名目ではなく、本心から出たものと思われる。

先祖伝来のキリシタン信仰

第一章の日本キリスト教史の時代区分の説明のところで、潜伏時代がいつから始まるのかについては説明した。江戸幕府が全国的な禁教令を発布した一六一四年や、島原の乱が終結した一六三八年（寛永一五）なども考えられるが、日本に最後まで生き残っていたイエズス会の小西マンショ神父が殉教した一六四四年（正保元）をその始まりとするのが適切であろう。これ以後、信徒たちだけの時代に入るからである。

また、潜伏時代の終わりに関しても諸説ある。一般に浦上の潜伏キリシタン信徒とプチジャン神父が大浦天主堂内で再会を果たした一八六五年（慶応元）を、潜伏キリシタンの復活の年としているが、法的にはその後も禁教状態は続いており、浦上キリシタンの復活ならばそれでも良いかもしれないが、日本全体となると、明治政府によって禁教の高札が取り下げられた一八七三年（明治六）とみるのが妥当であろう。

先述したように、幕府はキリシタン禁教政策を徹底するために様々な取締り制度を設けた。中でも一六三五年（寛永一二）から全国的に実施された寺請《てらうけ》制度はもっとも有効であった。その当時は神仏混淆《こんこう》であったので、寺はもちろんのこと、神社への参拝も義務付けられていたのはいうまでもない。キリシタンの神だけを拝んで生きてゆくことは許されず、仏教徒として、また神社の氏子としての務めもしっかりはたし、それに加えて「先祖伝来のキリシタン信仰」も併せ行っていたのである。これが潜伏キリシタンである。

本書第二章で詳しく述べたように、宣教師がまだ日本にいたキリシタン時代ですら、一般の民衆信徒たちはキリシタンの教えにじかに接する機会をもつことはまれであった。したがって、仏教・神道とキリシタンとの宗教的な違いについて区別できておらず、わかっていたのは南蛮国からあらたにやってきた、キリシタンという名のありがたいご利益のある宗教ということだけであった。

潜伏キリシタンたちはキリシタンの信仰を大切にしてきたが、それは先祖が大切にしてきたからであって、キリシタンの教えがいかなるものかわかって大切にしてきたわけではない。先祖自身よくわかっていなかったのであるから、子孫にキリシタンとは何かを伝えることができなかったのもしごく当然なことである。

潜伏時代には指導者たる宣教師も、キリシタンについての教えを書き記した書物などもなにもなかった。たとえキリシタンの教えの解説書である『ドチリイナ・キリシタン』やオラショ本などを手にしたとしても、本書八〇頁に紹介したドチリイナの一節を振り返るまでもなく、潜伏時代にそれらの文書を読んで理解できた者は皆無にひとしい。

彼らは理解できずとも先祖が伝えてきた大切なものとして暗記し、呪文《じゅもん》のように唱え、伝承してきたのである。意味がわかるか否かはさしたる問題ではない。仏教徒として五十歩百歩。一般門徒の中でお経の意味を理解した上で唱えている人は数少ない。

二三〇年の長い潜伏時代を通して、キリシタンの信仰だけが救いにいたる唯一の正しい教えであるという明確な自覚を持ち続けた信徒は存在しなかったといっても過言ではない。彼らは先祖が大切にしてきたキリシタンと呼ばれるものを、それが何かはよくわからずとも、先祖に対する子孫の務めとして大切に守り通してきたのである。

くり返しになるが、ここでいうキリシタンとは、現代のわれわれが思い描く一神教的なキリスト教とは似て非なるものであり、日本の諸神仏信仰の上にさらに効き目ある新来の神が付け加えられた、キリシタンという名の多神教的な宗教であったことをしっかりと頭に入れておきたい。ふしぎなことに、わかってはいても、キリシタンという名を耳にすると、唯一の神を信ずる敬虔《けいけん》なクリスチャンというイメージがふと頭の片隅をよぎりがちである。

謎にみちた教義書

それではこれから潜伏時代のキリシタンの信仰の姿をさらに具体的にみていくことにする。そのまえに、信徒たちが生きていた潜伏期の時代背景、生活環境をふりかえっておこう。潜伏時代には指導する立場の宣教師は一人もおらず、残されたのは信徒たちだけであった。その信徒も、武士、僧侶、医師、町人といった識字率の高い都市部居住者は極端に少なく、ほとんどが読み書きのできない、農漁村部に住む人々であった。

幕末に浦上の潜伏キリシタンと奇跡的な再会を果たしたというプチジャン神父は、「(浦上には) 六千から八千人の信者がいるのに、特別に勉強した人は一人もありません。極く少数の人が簡単な「ヒラガナ」を読むことが出来ます」と報告している（長崎地方文化史研究所編『プチジャン司教書簡集』純心女子短期大学、一九八六年）。

浦上は長崎の町の中心部からさほど離れていないところにあるが、それでもこのような状況である。明治期にキリシタンが解禁になった時、潜伏キリシタンたちが残っていたところは、長崎市周辺のほか、外海地方、五島列島、平戸・生月島、天草上島《かみしま》、福岡県三井《みい》郡大刀洗《たちあらい》町今村などであったが、いずれも寒村ないし島嶼《とうしょ》部にあり、経済的にも貧しかった。

そのため、潜伏時代に信徒たちが直接書き残した信仰生活に関する資料はきわめて限られており、文書の上から実証的に彼らの信仰を明らかにするのは極めて困難である。取り締まる役人側の記録はある程度残されているが、取り締まられるキリシタン側の資料は、残っているものはほんのわずかにすぎない。たとえ文字が書けたとしても、発覚を恐れてなにかを書き残すことはほとんどなく、あったとしても証拠隠滅のために処分されてしまったものが多いからだ。

例外的に、長崎県下の外海・五島地方でのみ発見されている『天地始之事《てんちはじまりのこと》』と題する写本がある。日本人信徒の手によって筆写された四〇葉程度の和綴《わとじ》冊子本で、潜伏時代の信徒の信仰のありようをうかがうことのできる唯一のものといってよく、きわめて貴重な文献である。これまで一〇点あまりの写本が発見されているが、原著者、作成場所などまったく不明である。もっとも古いものは、文政《ぶんせい》年間（一八一八年〜三〇年）の年紀の入った写本が残っている。

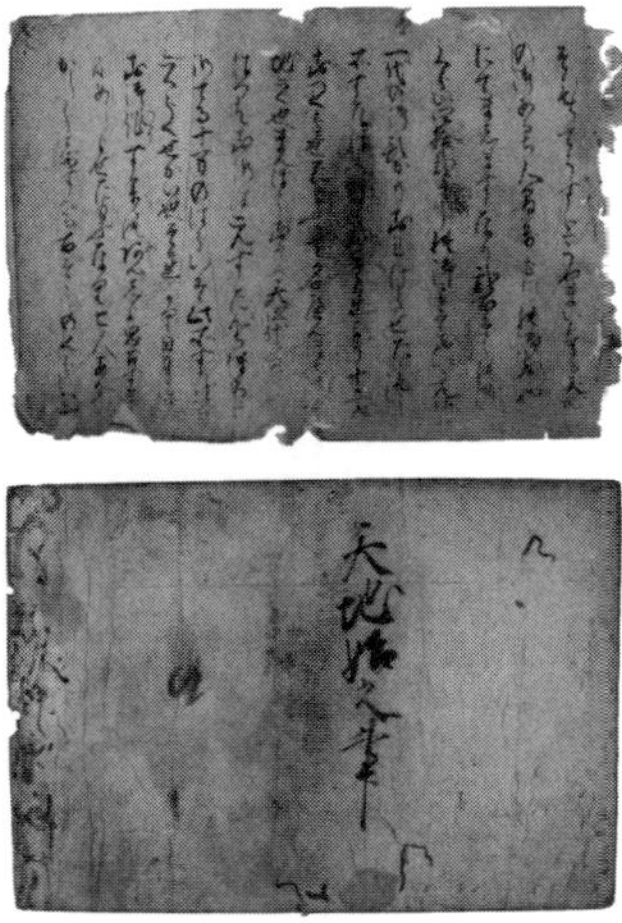

上五島若松町からでた一八二九年（文政一二）の写本

浦上で洗礼を授ける役を受け持っていた水方《みずかた》のドミンゴ又一は、大浦天主堂での信徒発見の年、プチジャン神父に『天地始之事』を手渡したが、プチジャンは「これは（又一の）記憶によって、一八二二年（文政五）か一八二三年に書かれたものです」と書き記している（フランシスク・マルナス著、久野桂一郎訳『日本キリスト教復活史』みすず書房、一九八五年）。

原本が書かれたのがその年なのか、手渡した写本が書かれたのがその年なのかはっきりとしない。筆者は原本が書かれたのはもう少し前ではないかと推察しているが、最大の謎はこの文書の作成者である。

「天地始之事」とは旧約聖書の「創世記」を意味する。本文全体は天地創造、天使と人間の堕落、キリストの生涯、聖母マリアのこと、世界の終末など、新・旧約聖書に題材を取ったものと、本来のキリスト教にはない、彼ら自身の手によって付加された日本の民俗的世界観に基づく物語、伝説、宗教知識よりなっている。

したがって、この写本を理解するには、かなりしっかりとした聖書理解、キリスト教教義、日本の民俗伝承に関する豊かな基礎知識が必要で、潜伏時代の日本人信徒がこの文書を通してキリスト教に関する理解を深めえたということは考えられない。

本文は旧約聖書の創世記における天地創造の場面を書き記したと思われる次の文章で始まる。傍線を施した言葉はポルトガル語、あるいはポルトガル語とおぼしきものであるが、転訛《てんか》が激しく意味不明なものも多い。聖書には「日天」「十二天」という表現はみられず、仏教の世界観に基づくものであるが、文章を構成するひとつひとつの言葉には、ポルトガル語のキリシタン用語が多数使用されており、まことに不思議な世界を作り上げている。

「そもそもでうすと敬い奉るは、天地の御主《おんあるじ》、人間万物の御親《おんおや》にてまします也。二百相の御位《おんくらい》、四十二相の御装《おんよそお》い、もと御一体《ごいったい》の御光《おんひかり》を、分けさせたもふ所、すなはち日《にっ》天《てん》也。それより十二天をつくらせたもふ。其名べんぼう、此所地獄也。まんぼう・おりべてん・しだい・ごだい・ぱつぱ・おろは・こんすたんち・ほら・ころてる・十まんのぱらいそ、此所 則《すなわち》ごくらくせかい也」

（注：でうす＝父なる神 Deus、べんぼう＝古聖所 Limbo、まんぼう（不明）、おりべて

ん＝キリストが昇天したオリベト山、ぱつぱ＝ローマ教皇Papa、おろは（不明）、こんすたんち・ほら＝「こんすたんち」と「ほら」の二語が一語でビザンチン帝国の首都コンスタンチノープルConstantinopolis、ころてる（不明）、ぱらいそ＝天国Paraiso）（田北耕也校注「天地始之事」、『キリシタン書・排耶書』日本思想大系二五、岩波書店一九七〇年）

ここでもう少し具体的に、『天地始之事』がどのような文書か知ってもらうために、本文の中から物語をひとつ取り出し、その粗筋を紹介してみよう。

ろそん（ルソン＝フィリピン）の国の帝王さんぜん‐ぜ十すは（ぜ十すはゼズス＝イエスの転訛か）、丸や（マリア）という賤《いや》しい生まれの娘に恋をして、自分の妃《きさき》になれば望みのままに金銀財宝を与えようと求婚した。丸やは「御意《ぎょい》御尤《ごもっとも》に候えども、大願の望み（生涯処女を通すという願）ありければ、身をけがす事、かつてかなわぬ」と、結婚をすすめる親の反対を押し切って拒み、びるぜん丸や（Virgem Maria処女マリア）は天上から降りてきた花車に乗って天に昇ってしまった。これをみた帝王はついに丸やに恋焦がれて死んでしまう。天上で丸やはデウスより「雪のさんた丸や」という名をもらい、再び下界に戻ってくる。

ある時、丸やが読書をしていると、デウスが天下り、丸やに「涼しき清き御体を御

出津のカクレキリシタンの家から出た雪のサンタマリアの掛軸
長崎二十六聖人記念館蔵

貸しあれ」といって天上に帰って行った。丸やの懐胎を知った親は亡くなった帝王に申しわけが立たぬと激怒した。丸やは家から追放され、放浪先のベレンの国（Belem ベトレヘム）の牛馬小屋で御身様《おんみさま》（キリスト）を出産した。出産後八日目、御身様は憂世の恋に対する未練の心が出てきて、しろくしさん（割礼 Circumcisão）を受けて血を流した。それをみた丸やは大いに驚いてすがりついて泣いた。

出産後八日目に行われる割礼儀式（男性性器の包皮切除）は、ユダヤ教徒の証《あか》しとして慣習となっており、ユダヤ教徒であったキリストも当然ながら割礼を受けている。カトリック教会はイエスの誕生を一二月二五日としているので、八日目の一月一日がキリストの割礼の日とされ、ギリシャ正教会では一月一四日が主の割礼祭として祝われている。この話の中には、新約聖書の中の受胎告知・キリスト生誕の場面、ローマ時代の「雪のサンタマリア」伝説、竹取物語の話などが巧みに織りこまれている。

もし作者がヨーロッパ人宣教師であったならば、割礼は常識であったはずであり、「それをみた丸やは大いに驚いてすがりついて泣いた」とは書かないであろう。驚いたということは、割礼の習慣がない日本人が書いたものであろう。逆にキリスト教に関してこれほど深い知識を持っていたとすれば、本書の作者は外国人の宣教師だったにちがいないとも考えられるが、宣教師がマリアとルソンの国の帝王との悲恋の物語を創作することは決してありえない。

潜伏時代には外国人も日本人も宣教師はひとりも生き残っていなかった。一般の日本人信徒といえば、このような作品を書くどころか、読むことすらおぼつかなかったはずである。

私は本文書の内容の残存度、変容度、作成目的からして、おそらく一七〇〇年代末から一八〇〇年代初頭の潜伏時代中期頃に、浦上か外海地方の潜伏キリシタン信徒の手によって書かれたものではないかと推定しているが、多くの疑問点が残っている。『天地始之事』はいまだに文書の作成者、作品年代すら確定することが困難な、キリシタン信徒側の手によって書き残された貴重な文献である。

魂入れ――初期潜伏時代

潜伏時代における信徒の信仰の姿をうかがい知ることのできる資料として、『天地始之事』のほかに、もうひとつ「キリシタン崩れ」に関する取調べをおこなった役人側の調書がある。「崩《くず》れ」とは潜伏時代に村単位でキリシタンであることが発覚し、多数の者が一度に摘発処分された事件のことである。

一六五七年（明暦《めいれき》三）大村の郡《こおり》崩れでは六〇八名が検挙され、四一一名が斬罪《ざんざい》、一六六〇年（万治《まんじ》三）～八二年（天和二）の豊後崩れでは二二〇名が検挙され、五七名が死罪、尾濃崩れでは一六六五年（寛文五）に二〇七名、六七年（寛文七）に七五六名、六九年（寛文九）に三三名が斬首されている。一八〇五年（文化《ぶんか》二）の天草崩れでは、潜伏キリシタン五二〇〇名あまりが摘発されたが、心得違いの異宗徒《いしゅうと》として無罪放免されている。長崎の浦上では、一番崩れから四番崩れまで四回発生している。

約二三〇年におよぶ長い潜伏時代（一六四四年～一八七三年）の彼らの信仰生活について、潜伏時代の初期―中期―後期と三期に分けてみていく。

まず初期であるが、長崎県の旧西彼杵《にしそのぎ》郡の外海《そとめ》地方（現在長崎市に編入）には、出津《しつ》、黒崎など、今でもわずかにカクレキリシタン組織が残っている。遠藤周作の名作

『沈黙』の舞台としても有名であるが、その外海の沖合に蟇島《ひきじま》（別称 沖《おき》ノ島《しま》）がある。

大村藩古記録『大村見聞集』によれば、寛文年間（一六六一年～一六七三年）頃に記された、「外目《ほかめ》沖島之者邪宗方口書之事」に、善太郎が城下から持ち帰って拝んでいた石に関して厳しく取調べたところ、次のように白状したとある。

「一　もが石　名　しまん

右は正仏焼き捨り候後、神屋敷と申す処へ参り候処、右石三日足に踏懸り候に付て帰り、姥へ咄《はなし》仕り候処、正仏焼捨て身替りにあたへられ候品にてこれ有と申し候に付て、頭取と伝五郎に母相頼み、魂入れ貰い是迄相用ひ来り候」

禁教令によってキリシタンの神像を焼き捨てた後、神屋敷に出かけた時、同じ石に三度もつまずいた。不思議に思い、姥《うば》に尋ねると、焼き捨てた像の身代り石だといわれたので、頭取（潜伏キリシタンの最高役職者）に頼んで、その石に「魂入《たましい》れ」をしてもらい、今日まで拝み続けていると陳述している（藤野保・清水紘一編『大村見聞集』高科書店、一九九四年）。

寛文年間といえば、潜伏時代に入ってまだ間もないのに、長崎に近い外海の潜伏キリシタン組織の最高指導者たる頭取が、頼まれれば当たり前のように石に魂入れを行っているのである。魂入れという儀礼は、現在でもごく普通に墓石、仏壇、神棚、新船、お札などを新調した時に行われているが、この「物に霊が宿る」という観念は、古代からの日本の民俗信仰に強くみられるアニミズム的宗教観念で、キリスト教の唯一絶対神観とは相いれないものである。

潜伏キリシタンの最高指導者たる頭取の信仰がそのようなアニミズム的なものであったとすれば、潜伏時代に入って突然に真正なキリシタン信仰から、民俗宗教に変容したというものではない。第三章で指摘したように、すでにキリシタン時代の初期から、さまざまな日本の民俗信仰の上に、キリシタンという名の新来の民俗信仰が付加されたものであったという筆者の見解の妥当性を示す一事例といってよかろう。

浦上の利有佛とみのり佛——中期潜伏時代

次に潜伏キリシタンは、潜伏時代中期にどのようなものを拝んでいたのか、浦上一番崩れと天草崩れの取調べ記録をもとにみてゆくことにする。まず、一七九〇年（寛政二）長崎の浦上で勃発した「浦上一番崩れ」における調書から、彼らがどのようなものを神として拝んでいたのか、いくつか抜き出してみよう。

浦上の潜伏キリシタンたちが神として祀《まつ》っていたものは、金属製・石製・焼物の仏像やメダイ類、あるいは書画のようなものであった。

①「七太郎へ佛の名申し聞き候は、サンタマリヤとも申す他にも佛有り、名は御座候へども按出申さず候（どのようなものかよくわからない）。サンタマルヤは儀三郎方にて見申し候。油絵の様に御座候」

②「親の代より阿弥陀は拝まずも、りうづ佛を拝み候。佛の名はヲンミと申す旨申し聞き候。大村領北村七兵衛と申すものヲンメサマと申す人を私へ見せ申し候間、いか様なる物に候哉と訳合ひ相尋ね候処、ヲンメサマと申す人と申し、是を戴き候へば宜き事これ有段申し候。絵踏の様に御座候品にて御座候」

③「私（酒屋の七太郎）儀、八ケ年ほど以前旅僧に勧められ、吉事宗一ケ年ほど信仰仕り候共、よろしき事も御座なく打捨て申し候。商家にては利有佛と唱へ、百姓にてはみのり佛と唱へ申し候」

④「親より譲りこれ有り候佛を念じ候より外覚へ之なく候。名は存知申さず候。阿弥陀か何か存知申さず候」

（「浦上異宗徒一件」『日本庶民生活史料集成　第十八巻　民間宗教』三一書房、一九七二年）

①では、サンタマリヤという油絵のような佛の他にも、名前はよく覚えていないが佛があった。②は、親の代から阿弥陀ではなく、「りうづ（利有）佛」という「宜《よろ》しき事」がある「ヲンミ（ヲンメサマ）」という佛を拝めば、ご利益があるといわれ拝

んでいるという。キリシタン用語では、ヲンミ（ヲンメサマ）とは「御身様《おんみさま》」のことで、キリストのことを指すいい方であったが、言葉だけが記憶に残り、意味は忘れ去られてしまっている。踏絵のような品であったということはメダイであったろう。

③は、八年ほど前に旅の僧がやってきて、いいことがある佛様だというので、一年ほど拝んでみたが、たいしたご利益もなかったので捨ててしまったという。商家では利益をもたらす「利有佛」、農家では実りをもたらす「みのり佛」と呼ばれて拝まれていた。④は、親から譲り受けた佛様を拝んでいるだけで、阿弥陀様なのか何なのか、名前も知らないという。

これらの佛を拝むときには、「アメンジュスと唱へ候事は親より右の通りに唱へ候様申し候間、訳合《わけあい》は存ぜず候へども唱へ申し候」と、意味は分からないが、親からアメンジュスと唱えるようにいわれていたので、唱えているとこたえている。アメンジュスは「アーメン・ゼズス」がなまったものであろうが、意味はわからず一種の呪文となっている。

潜伏キリシタンがサンタマリヤや御身様やアメンジュスという言葉を唱えているということを知ると、マリアやキリストを神として拝み、キリスト教信仰を守り伝えてきた証拠であるとただちに結びつけて考えがちであるが、注意が必要である。たしかにキリシタンとのつながりを強く思わせる言葉ではあるが、呪文化してその意味はほとんど理解されておらず、信仰伝承をしめす証拠とはなりえないのである。

天草の呪術的信仰——中期潜伏時代

浦上一番崩れとほぼ同時代に勃発した天草崩れは、一八〇五年（文化二）、天草下《しも》島《しま》の大江、﨑津《さきつ》、今富、高浜の四つの村の潜伏キリシタン組織が発覚した事件であるが、その数は五二〇五人にものぼり、人口一万六九九人の三分の一にも達していた。あまりの数の多さに、ありのままにキリシタンとして処分することもかなわず、事を穏便に済ますべく、キリシタンではなく「心得違いの異宗徒」として扱われたとされてきた。

「心得違いの異宗徒」とは、まちがったり、だまされたりして正しい神仏信仰とは異なる、怪しげな信仰に引き込まれた者のことをいう。彼らはキリストやマリアとして拝んでいた人物像、メダイ、丸鏡（「丸や」の丸からの連想か）、アワビの殻などの信仰対象を差し出し、踏絵を踏んだだけで無罪放免となった。以下天草潜伏キリシタンの特色をみていくことにする。

(1) 天草信徒の風習

天草潜伏キリシタンの信徒たちの風習には、一風変わったところがかなり多く見受けられる。彼らの間でよくみられるものは次のようなものである。

年間を通して七日目ごとに祝い日とし、祝い日には金物を扱うこと、種蒔《たねま》き、女の針仕事、大工の屋根の葺《ふ》き替え、髪を切ること、祝い日に織った着物を着用することをタブーとして禁じていた。旧暦の一一月中を祝い日として四足（可能ならば牛、なければ魚）、二足の動物を食べ、その日より五五日目を「入《い》り」といい、それより四九日目を「上《あ》がり」といい、入りから上がりの間は決して食べなかった。

また仏教徒にはない、魚を霊前に供える習慣があった。死人がでたときには「あんめんじんす」と心の中で唱え、口には出さない。葬儀のあとで僧侶が立ち会った部屋を塩で祓《はら》い清め、死人を墓に納めるときには北向きでなく、東向きにした。神社に参《さん》詣《けい》すると、その神の名を唱えて拝み、寺に参ると「南無阿弥陀仏」と唱えていた。

一一月中の祝い日とは「クリスマス」に相当する。長崎県下各地のカクレキリシタンの間には、現在も「御誕生」・「オタイヤ（お待夜《たいや》）」・「霜月の祝い」といった名前の行事が残っている。「（悲しみの）入り」とはカトリックにおける四旬節、すなわちキリストが処刑される悲しい季節に入るという意味であり、「（悲しみの）上がり」はキリストが処刑され三日目に復活し、天に昇ったことを祝う日である。今日まで悲しみの期間中は肉や卵を食べてはならぬというタブーはかたく守られてきているが、四旬節や復活祭の行事の意味を知らないので、何のためのタブーなのかわからないのである。

(2) デウスから呪物崇拝へ

天草の今富村百姓糺方《ただしかた》日記によれば、彼らが拝んでいた神は「ていうす（デウスか）様と申すは日天と存じ奉り、毎朝天を拝み申し候」とあり、浦上の異宗徒が「りうつ（デウスか）佛は日月の御子」と証言しているのと酷似している。

ていうす様は「作神（農耕神）」とされ、これを拝む時には、神像を自分で持っている者は「あんめんじんす（アーメン・ゼズスか）、あんめんじんす、あんめんじんす（二拝し）さんとめ、さんとめ道のさんとめ、不慮の煩《わずらい》、頓死《とんし》の咎《とが》、悪事災難これなきやうに、ひとゑに願ひ奉る」と唱え、神像を持っていない者は、ただ「あんめんじんす、あんめんじんす」とだけ唱えた。

大江村百姓糺方日記には、奉行所に差し出した、彼らが拝んでいたキリシタンの異仏の名として、「ゼンタ（Secunda 月曜日）」、「クワルタ（Quarta 水曜日）」、「セツタ（Sexta 金曜日）」、「ヲンクリキ（御功力）」、「サンタマル（Sancta Maria サンタ・マリア）」、「イナッショ（Ignatio 聖イグナチオ・デ・ロヨラ）」などがあげられている。

神の名前はなまり、かすかに記憶には残っているが、どのような神なのかわからなくなっていく。意味がわからなくなった外国語は、神の名前ではなかろうかと考えたようである。拝んでいる神像に対して、ポルトガル語で月曜日を意味する「セグンダフェイラSegunda-feira」がなまって、「ゼンタ様」という名前になったといった具合である。イエスであるべき本尊が「三太丸やさま」という者もいる。彼らはキリスト教の父と子と聖霊の三位《さんみ》一体の神の存在など知るよしもない。

高浜村百姓紀方日記には、多数の没収された彼らの信仰対象のことが記録されている。寛永通宝のような貨幣、刀の目貫《めぬき》、丸鏡、アワビの貝殻にいたるまで神として拝まれており、これにいろいろとキリシタン風の名をつけて拝んでいたのである。いくつか例をあげてみよう。

銭一文＝デイウスサマ・アンメンゼンス丸ヤ殿、大黒天像＝サンタ丸ヤ、人形＝クルキサマ 西行《さいぎょう》法師也、目貫＝ジュワンサマ、寿老神＝マヤサマ、秩父《ちちぶ》三十四番歌縁起＝マルヤサマ、丸鏡＝マルヤサマ、蛮国仏＝クルギ殿といった具合である。

天草の潜伏キリシタンは「異佛の儀もデウス、シクン、ビルジン、サンタマルヤ、右金な佛、或は掛物にて所持仕り、大黒、円鏡等佛名を付け、何によらず、佛乗り移り候由承り伝へ」（傍線引用者）て信仰していたのである。「佛乗り移り候」ということばは、先に述べた「お魂入れ」とおなじことである。魂が入れられ、佛が乗り移る。古野清人は、彼らを「秘蔵の異仏、異具に神仏が乗り移っていると信じて礼拝していた、一種の呪物崇拝者、象徴信仰者であった」といっている（古野清人『古野清人著作集五　キリシタニズムの比較研究』三一書房、一九七三年）。

没収された多数の異仏のうち、宣教師からもらった本物のキリシタンの聖像は三、四点だけで、あとは日本製の神仏像か、一文銭のような直接には神とは関係のないものであった。ある人形を西行法師なりといい、クルキサマと呼んで拝むといった風であった。彼らにとって、どのようなすがた形をしているかはさしたる問題ではなかった。大事なのはそれに魂が乗り移っているかどうかということであった。

天草島原の乱によって、ヨーロッパから宣教師が持ってきた本物のキリシタンの信仰対象は、ほとんど没収されるか消失してしまったものと思われる。その後は、身近にある簡単に手に入るものや、露見しても疑惑の目でみられないようなものに置き換えられたのであろう。それは本来のキリシタンの信仰対象からすれば、似ても似つかぬような類《たぐい》のものであった。官憲の目を逃れるためという事情もあったろうが、キリシタン信仰をますます秘事化させ、呪術的性格を強めることとなった。

(3)　オラショの呪文化

また祈りの言葉であるオラショもこの秘事化に一層拍車をかけた。天草崩れの取調べの際、潜伏キリシタンたちが口述したいくつかの例を挙げてみよう。ただ、大多数の者は「あんめんじんす　丸やさま」と唱えることしか知らなかった。「アーメン　ゼズス　マリヤ様」という言葉の転訛と推察されるが、それは現代のわれわれの解釈にすぎない。

その当時の彼らにとって、「あんめん」がラテン語の「アーメン（Amen）」が転訛したもので、「そうなりますように」という意味を持つ、祈りの結びの言葉であることを知っていた者は皆無であった。それのみならず、「じんす」がゼズス（イエズス）、「丸や」がマリヤ（聖母マリア）のことであることすら知らなかった。

キリシタンのオラショは、意味はわからずとも、唱えれば願いを叶《かな》えてくれそうな、効き目ある不思議な力を持った呪文となった。「じゅげむ　じゅげむ」、「アブラカダブラ」、「アビラ・ウンケン・ソワカ」のような魔よけの呪文と同じである。「あんめんじんす　丸やさま」と唱えていたからといって、それでキリシタン信仰を守り続けてきたという証拠にならないことは、もはやあきらかであるといってよい。

①「アンジヒ（御慈悲《おんじひ》）ノヒメヨリンジャ様ニタノミマス。アンメンゼンス　丸ヤ様」
②「たねは八ツ、むねは九ツ、とは一つ、我行先はあらんの崎」
③「トトジュワン。カカ丸ヤ様ニ唐芋《からいも》ノ初穂飯ノ初穂ヲ供エ奉ル。アンメンゼン

ス」

④「とうめとうめさんとうめの水のさんとうめ、ふりやう（不慮）の煩《わずらい》とんし（頓死）のとがめ悪事災難これなきよふ願い奉る、あんめんじんす」

⑤種蒔《ま》く時の唱え

「モロモロノキリシタン。シルベキジャウジャウ（条々）ノ事也。蒔クニ於テハ。女ノギデウス。ヨロワナグソクノモノモヲ。作リアテシ玉フ。万事ニ叶イ玉フ。アツトアラユルモノナラバ。ヲヲサズト云事マモナイ事。アンメンゼンス アンメンゼンス」

⑥家祓《やばら》い

「デウスノヲンマエニ参リ候。コンタ（コンタス contas ＝ロザリオ）ヲトリアゲ、フザモジキ（ひざまずき）。天ニ向テ手ヲ合セ。トガノヲン宥《ゆる》シヲクダサルルヨウニ。ニクシンノトガ（肉身の科）。日ニ千七十七度ノトガニ落ル。デウスノクリキ（功力）ヲ以テ。ノガシ玉エ。アンメンゼンス アンメンゼンス」〈（ ）は引用者補注〉

①、②はほとんど呪文化し、②には「悪病の節唱え候へば、悪祓いにて御座候」との注釈がつけられており、病いを引き起こす悪霊祓いの呪文であるという。③は先祖

供養のための祈りであろうか。④のさんとうめは、インドに布教にでかけた聖トメ（トマス）のことであるが、不慮の事故や頓死（急死）などの災難をよけるための呪文となっている。

⑤、⑥は、ベースには宣教師から伝えられたオラショがあるが、文言がいちじるしく欠落・転訛し、その上に関連のない日本語が付加されている。⑤は天草版『ドチリイナ・キリシタン』にある「もろもろのきりしたんしるべき条々の事」の第一がベースとなっている。⑥は一六〇三年長崎で刊行された、『こんちりさんのりやく』の「第四　でうすにたちかえり奉る罪人の申上べきこんちりさんのおらつ所の事」がベースである。

注目すべきは、⑤、⑥の「キリシタンとして知るべき事」と「コンチリサン（悔い改めの祈り）」という内容のオラショが、天草の潜伏キリシタンの信徒にとって、まったく意味がわからず、種を蒔き、家をお祓いするときに唱えるオラショとして用いられていることである。本来の祈りの目的とはまったく異なる、現世利益的な性格を持つものに転用されてしまっているのである。

オラショ本来の意味がまったくわからなくなり、そのためにいっそう転訛がすすみ、本来の目的とは異なるものとなったとき、それはキリスト教の祈りの言葉としてのオラショではなく、潜伏キリシタンの不思議な力を有する呪文となり、信徒のこころを妖《あや》しくひきつけてやまなかったのである。

(4)　呪術的御利益信仰

それでは天草の潜伏キリシタンたちは、この異宗とされたキリシタン信仰に何を求めていたのであろうか。一八〇五年（文化二）「高浜村百姓伝平後家たつ外三人口書」にその典型を見出《みいだ》すことができるので、長文ではあるが、ここに引用する。

「私共宗旨の儀、代々曹洞宗にて大江村江月院《こうげついん》旦那に御座候処、内密に異法信仰仕り候次第、此度御糺《ただし》に付きては、是迄取り行い候始末、包まず有体《ありてい》に申し上げ候様御吟味御座候。此段私共旦那寺宗門の外、家々仕来たりを取り行い候儀にて、マルヤと申す佛を信仰仕り候ば、悪事災難を除き、無病息災にて作物等宜しく、来世は親子兄弟一同宜しき所に生れ、安楽の身と成り候由承り候。内密に信仰仕り佛を拝み候節はアンメンジンスの唱え候迄にて、委細《いさい》の訳《わけ》は相弁《わきま》え申さず候。然る処同類並びに私共の内にも、段々不仕合《ふしあわせ》等にて、身代《しんだい》相立ち難き様成られ候もの多く御座候に付き、右体他心を含み、異法信仰仕り候故、罪を受け不仕合にも御座候哉と疑惑仕り居り候処、准胝《じゅんでい》観音を信心仕り候へば、仕合《しあわせ》よく願望も相叶い候由にて、右観音の絵像を庄屋より施行これ有り、村中軒《のき》別に壱枚宛相授り、尚又村内庵主より

准胝観音

血脈《けちみやく》等授けられ候に付き、仏法を実意に仕り候ば、仕合相直り候儀もこれ有るべき哉と、それより異法の儀は打捨て候存念に相成り、五カ年程以前より相止め当時異法信仰仕ず候」

大略を述べれば以下のようになる。

たつ他三人は、曹洞宗江月院の檀家で、仏教のほかに、内密に代々家で受け継いできたマルヤという佛を拝んできた。アンメンジンスと唱えながらこれを拝めば悪事災難を除き、無病息災、豊作、来世は親子兄弟一同よき所に生れ、安楽の身となると聞いていたが、詳しいことはわからなかった。そのうち段々不幸が続き、生活も成り立たなくなってきたものが多く、これは異仏を信仰したための罰ではないかとの疑念が起こり、准胝観音を信仰すれば幸せになれると聞き、庄屋《しょうや》から村中一軒に一枚宛て観音様の絵像を受けた。また村の坊さんから血脈を授かり、仏教を熱心に信仰すれば幸せになるかも知れないと思い、五年ほど前から異法（異宗＝キリシタン）は止めている。

重要なポイントは以下の三点である。

①キリシタン信仰は家の宗教であったが、オラショは呪文的なアンメンジンスと唱えるだけで、教義的なことはまったく伝承されていない。

②信仰の理由は家内安全、無病息災、豊作満足という典型的な日本人の現世利益である。「来世は親子兄弟一同宜しき所に生れ、安楽の身と成り候」という言葉にキリシタン風の他界観、救済観が残っているとみることもできようが、キリシタンの終末観、霊肉の復活、私審判・公審判、永遠の生命、天国・地獄の存在といった本質的なものが理解されていたわけでは決してない。むしろシンプルに、死んだ後は親兄弟など、先祖と一緒になってありがたいところに生まれ変わり、安楽な日々を過ごしたいという、民衆の素朴な願いの表明とみるのが妥当である。このことに対して、キリシタンの来世救済願望が強く残っているというような解釈は、少々うがちすぎではないかと思われる。

③願い事が叶わなければ、異宗を信じたがゆえのタタリと感じて、容易にキリシタンを捨てて、他の信仰に移る（前掲古野清人『古野清人著作集五　キリシタニズムの比較研究』三

一書房、一九七三年より要約)。

このほかにも「文化二年丑六月　宗門心得違調方口上書帳　高浜村」には興味深い証言が多い。ジョアン七兵衛は五島に漁にでていたとき、博打《ばくち》に負け、大江村の善吉に「アンメンゼンス　丸ヤ様」と唱えれば勝つと教えられ、そのときは少し勝ったが、その後、あまりいいこともなかったので、自然に止めてしまったという。

ジュワン三次平は湿毒を患い、四、五年難儀していたところ、見舞いに来た妻の伯《お》母婿《ば》にキリシタンになり「アンメンゼンス　丸ヤ様」と唱えれば病気も治り幸せになると聞かされ、一〇年ばかりやってみたが、ここ四、五年は止めている。平四郎は結婚した女房に「サントメ様、アンメンゼンス」という唱えを習ったが、その女房が二か月のうちに駆け落ちして逃げてしまったので、悔しくて止めてしまった。

ジュワン市兵衛は十文字判(洗礼)を受けたところ、その後、息子が長患いし、これは神仏の罰かと思い准胝観音を授かり、五、六年前からキリシタンは止めている。ジュワン吉蔵はキリシタンの法を信じれば病気快復だけでなく、現世は幸せに、来世は善所にいくことができるといわれ、「アンメンゼンス　丸ヤ様」という唱え事を習い、十文字判を受けたが、妻が非常に嫌ったので止めてしまった。

彼らは現世利益を勧められ、「アンメンゼンス　丸ヤ様」というようなたぐいの短い呪文を教えてもらい、なかには「十文字判」と呼ばれる洗礼までも簡単に授かっている。これらの記録をみるかぎり、幕府御禁制のキリシタンであると認識していた節は微塵《みじん》も感じられない。御利益があるといわれれば簡単に洗礼も授かり、御利益がなければあっさりと捨ててしまう。悪いことがおきれば、神仏のタタリと恐れる民衆の素朴な信心がそこには示されている。

キリシタンであった者もキリシタンでなかった者も、キリシタンとはなにかということをわかっておらず、キリシタンはまさに「心得違いの異宗徒」と呼ぶのが、当時の彼らの信仰状態を最も正しく言い表しているといってよいであろう。

浦上一番崩れ、天草崩れの取調べ記録から中期潜伏キリシタンたちの信仰のあり方をみてきたが、伝えられた様々な風習のなかには、仏教的でないものが数多く含まれている。寺請制度に従って、仏教の檀家としての務めを果たしてはいるが、自分たちの宗教はどこか異風なところがあるという意識は頭の片隅にあったことであろう。

キリシタンの教義が伝承されてきたわけではなく、キリシタン信徒自身、キリシタンであるとの明確な意識はなかった。たとえその意識がどこかにあったとしても、キリシタンとは何かという認識は欠落していたのである。ましてや取り締まる側の役人たちには、キリシタンとは何かということがわかっていなかった。

江戸時代を通じてキリシタン禁制は極めて厳格に施行されたが、取り締まる側も取り締まられる側も、だれもはっきりとキリシタンとは何かがわかっていなかった。こうして怪しげなものがキリシタンとみなされるようになったのである。彼らの信仰の姿はまさに「異宗」と呼ぶにピッタリであった。

江戸幕府のキリシタン禁制と民衆信仰の実態の解明を試みている大橋幸泰は、近著『潜伏キリシタン　江戸時代の禁教政策と民衆』（講談社選書メチエ、二〇一四年）、ならびに『近世潜伏宗教論　キリシタンと隠し念仏』（校倉書房、二〇一七年）のなかで、おおよそ次のような結論を導き出している。

江戸幕府は近世期を通じてキリシタン消滅をめざし、徹底したキリシタン禁制策を断行してきたが、キリシタンのイメージの希薄化がすすみ、「異法」とされる異端的宗教活動との判別が困難になっていった。次第にキリシタン禁制はキリシタン取締り策というよりも、世俗秩序から逸脱する行動全般の取締り手段へと性格を変えてゆき、キリシタンかどうかの最終判定基準は、本人がみずからキリシタンと認識しているかどうかにあり、信仰の内容や活動は問題とはされなかった。

大橋の結論は、筆者の「潜伏キリシタンは信仰を守り通した」という見方は史実に即していないという主張と軌を一にするものであるが、今後いろいろな角度から様々な見解が提示され、夢とロマンのベールに包まれてきたキリシタン史の実像が明らかにされていくことを期待するものである。

最近ザビエルによるキリシタン伝来以来、日本人に受容されたキリスト教が、仏教や神道などとともに、変容することなく現代まで生き続けているという「キリスト教併存説」が提示されているが、その見解には首肯できない。「併存」という言葉の意味は、一神教としてのキリスト教信仰が日本人に受容され、日本の諸宗教と習合することなく独自に定着残存し、伝承されてきたということを意味するものである。世界の長い異文化の接触と受容の歴史の中で、まったく融合、変容することなく純粋な形で異文化が受け入れられ、土着したという事例はなく、日本におけるキリスト教の場合も例外ではない。

これまでくりかえしのべてきたように、キリシタン時代の当初より、一般民衆層において、一神教としての真正なキリスト教の教えは日本人に理解されることはなかった。潜伏時代の浦上崩れの場合もそうであるが、天草崩れのときの潜伏キリシタンは真正なキリシタンではなく、日本の民俗宗教と習合した、異宗たる土着の日本的キリシタンだったのである。

父祖より伝承されてきたオラショは欠落部分も多くなり、残存した部分も意味不明となって呪文化し、信仰の呪術化を招いている。祈願の目的は除災招福、無病息災、大漁・豊作満足といった現世利益にあり、それが満たされないときには容易に捨てら

「経消しの壺」天草ロザリオ館所蔵

れもしたのである。

二〇〇三年の天草における筆者の聞き取り調査によれば、潜伏時代の絵踏の時には、新しい草鞋《わらじ》を履いてゆき、家に帰るとその草鞋を鍋《なべ》でゆでてその汁を飲んだりしていたという。葬式のときには僧侶が読経を始めると、水方が読経の効果を消すための特別なオラショとして、「経消《きようけ》しのオラショ」を繰り返し唱えた。「経消しの壺《つぼ》」に聖水を入れ、一回唱え終わるごとにその中に息を吹き込んでいたそうである。

「経消しのオラショ」には種々あって、地域によってことなるが、ここで一例として天草崩れの時の調書「高浜村調方日記」に書き記されたものを紹介する。まさに呪文の世界である。

「仏教ヲ消ス法キリズ丸ト云合掌也合掌ハ経ト伝

キリリズ　キリステレス　キリリズバテノト　コトヤノ　トロボウメ　チブタノ
ソウソウ　ゼエメンデエウス　ネブドニモウソウ　ノウズウシイ　イチネンナ
ゼントタツヤウニ　セリヤウ　エブラノウ　サンタ丸ヤ　アンメンゼンス」

また「悪魔祓いの儀式」といって、家の新築の時には大黒柱の基礎石の下に、夜中に木の十字架を埋めていたそうである。このように天草の潜伏キリシタンの信仰は非常に呪術的な性格が強いものであった。その姿は、為政者側の目にもキリシタンらしきものはみられず、まさに怪しげな異宗徒そのものと映ったことであろう。

ゼズスからマリヤ信仰へ——後期潜伏時代

続いて潜伏時代末期からキリシタン復活の時代にあたる幕末・明治初頭のキリシタンの信仰はいかなるものであったかをみていこう。そのための史料として浦上三番崩れ、四番崩れ関係史料および四番崩れに関連して起こった浦上教徒流配事件関係史料が残されている。一八五六（安政《あんせい》三）年の浦上三番崩れによって取調べを受けた、浦上村山里中野郷の百姓で、浦上村の最高の指導者である惣頭を務めていた、吉蔵の口書きをもとにして、幕末期の潜伏キリシタンの信仰のあり方をみてみよう（「浦上異宗徒

一件」『日本庶民生活史料集成 第一八巻 民間宗教』三一書房、一九七二年)。

出津のイナッショウ様
外海町歴史民俗資料館蔵

(1) マリヤに求めた救い

浦上潜伏キリシタンの組織は、惣頭《そうがしら》(帳方《ちょうかた》)―触頭《ふれがしら》(水方)―聞役《ききやく》という三役からなり、全村にひとりの惣頭、各郷に触頭、各字《あざ》ごとに聞役がいた。惣頭はキリシタンの暦である「日繰《ひぐ》り」を所持し、キリシタンの祝い日、種々の障《さわ》りの日を繰り、善悪などを教え導き、触頭は洗礼を授け、惣頭が繰り出した祝い日、障りの日を聞役に伝達した。聞役はさらにそれを末端の信者に伝える役割を負っていた。

帳方という浦上の潜伏キリシタン組織の最高指導者であった吉蔵が所持していた信仰対象は「ハンタマルヤ」という白磁の仏像一体、「イナッショウ」という金属製の仏座像一体、「ジゾウス」

浦上の潜伏キリシタンたちが拝んでいたマリヤ観音　個人蔵

という指輪に彫り物のある仏一体、それに「日繰り」という書き物であった。本尊の名は「ハンタマルヤ」といい、「イナッショウ」と「ジゾウス」は附属の佛かどうか、確かにはわからないと答えている。

ジゾウスとはゼズス（イエズス）の転訛と思われるので、キリスト教の教義からいえば当然ジゾウスが本尊となるべきである。「ハンタマルヤ」は「サンタマリア」の転訛で、マリアは本来人間であって神ではない。「イナッショウ」とは、日本に初めてキリスト教をもたらしたイエズス会の創立者、聖イグナチオ・デ・ロヨラである。

潜伏時代中期の浦上一番崩れと、後期の三番崩れにみられる神観念を比較するとき、その変化に気がつく。中期にもサンタマリヤという名の佛は存在したが、圧倒的に「リウズ（ゼズスの転訛か）」、「ヲンミ（ゼズスのことを御身様といった）」、

「ヲミシロ」などと呼ばれたゼズスが中心であった。これに対して後期にははっきりとハンタマルヤが本尊で、ジゾウスは脇佛の位置に転落している。

潜伏時代後期になって、潜伏キリシタンたちがキリストではなく、マリヤを「救いの神」として本尊の位置にまで高めたのは、この時代のキリシタンたちの心理を如実に示している。彼らはマリヤをキリスト教がいうような神の母であり、人間の願いを神に取り次いでくれる存在としてではなく、優しく子を抱く慈母観音・女神というイメージでとらえたものと思われる。

吉蔵は親から伝えられたオラショには「ガラッサ」、「アベマルヤ」、「天ニマシマス」があるという。「ガラッサ」とはポルトガル語のガラサ（Graça 神の恵み）であり、現行のカトリック祈禱《きとう》書のなかにある「天使祝詞」にあたる。この祈りの冒頭が「がらさみちみち給ふマリアに御礼をなし奉る」という言葉ではじまるので「ガラッサ」と称する。「アベマルヤ」は「ガラッサ」のラテン語版の祈りである。

ガラッサを知っている者は多いが、アベマルヤ、天ニマシマスは知らないものが多いという。これらのもっとも大切な祈りさえ知らず、天草の潜伏キリシタンたちのように、単に「アンメンジュス（アーメンゼズス）」とのみ唱えていた者も多い。

惣頭がわずか三種類のオラショだけしか知らないというのはあまりにも少ない。浦上と同系統である外海地方の現在のカクレキリシタンの間には、「ガラサみちみち」

「アベマリヤ」「天にまします」「サルベレジナ」「コンチリサン」はじめ一五種類程度のオラショが残っている。

生月島には二六種類が伝えられている。また伝承されているオラショの言葉も、もともとの正しい形と対比すると、三分の一程度に脱落し、短くなってしまったものも多い。オラショからみても、潜伏時代後期にはキリシタンに対する理解が、質的にも量的にも急速に低下していたことがうかがえる。

その低下ぶりをみるための一例として、一八五六年、浦上三番崩れの取調べに際して吉蔵が伝承していた「ガラッサ」と、その原形である、一五九一年（天正一九）に刊行された『ドチリイナ・キリシタン』所収の「あべまりあ」のオラショを対比してみる。その変化は一目瞭然《りょうぜん》である。江戸末期の浦上の潜伏キリシタンのオラショは、転訛しすぎ、断片化しすぎていて、唱えている当人たちもこれでは何のことかさっぱりわからなかったことは歴然としている。

一方、ドチリイナの中にある正しい原典のオラショも、こんどはラテン語やポルトガル語が多数交じっており、現代のわれわれでさえその理解は容易ではない。もともとの原典のオラショも、それがキリシタンの間で変容したオラショも、いずれにせよ双方ともに理解困難であったことに変わりはないのである。

以下に、吉蔵が唱えていた「ガラッサ」のオラショと、そのオラショの原典である、

『ドチリイナ・キリシタン』所収「あべまりあ」のオラショを比較のために掲げる。

原文の半分以下に断片化して伝えられている吉蔵のオラショでは、意味不明であるこ

とが一目瞭然であろう。

〈吉蔵伝承のオラショ〉

「ガラッサ ミチミチタモー マルヤノ御身ニ 御礼ナシ奉リ 御アルジハ 御免シ

ニテ トモニマシマシ アンメンジュス」

〈原典『ドチリイナ・キリシタン』所収「あべまりあ」のオラショ〉

「がらさみちみち玉ふまりあに御礼をなし奉る。御主は御身と共に御座ます。女

人の中にをひてべねじいたにてわたらせ玉ふ。又御胎内の御実にて御座ますぜ

ずすはべねぢいとにて御座ます。でうすの御母さんたまりあ、今も我等が最期

にも、我等悪人の為に頼み給へ。あめん」

（引用者補注：べねじいた＝Benedictaラテン語がポルトガル語化された形の女性形、

Benedictoは男性形で、「祝福された」という意味。傍線引用者）

近年、潜伏時代に伝えられたこれらのオラショを解読し、それを手掛かりに、潜伏

142

キリシタンたちが秘《ひそ》かに信仰を継承してきたことを明らかにしようとする研究グループがある。その作業は意味あることではあるが、現代のキリスト教の専門家たちが知識を寄せ集めてようやくある程度解読できるようなオラショが伝承されていたことが明らかになったからといって、潜伏時代にキリシタンたちがオラショを通して秘かに信仰を伝承していたという証拠とはなりえない。潜伏キリシタンたちには、それらのオラショの意味は理解不可能なものであった。

先述したように、彼らはオラショの言葉の意味を理解して唱えていたのではなく、ありがたい呪文として唱えていたのである。たとえマリア観音を拝んでいたとしても、マリアが誰か知らなかったとしたら、ほんとうにキリスト教を信仰してきたとはいえないのと同じかんたんな論理である。

(2) 諸願成就かパライソか

もう一例、潜伏時代後期の浦上潜伏キリシタンのあいだにどのような風習が伝えられていたのか、長崎奉行所の取調べにおける吉蔵の口書《くちが》き（供述書）からみてゆく。

毎年、冬至前後のキンタ（Quinta-feira キンタ - フェイラ　ポルトガル語で木曜日のこと）の日をナタリア（Natal はポルトガル語でクリスマスのこと）として各家で祝い、前の晩より伽《とぎ》といって仏前に生魚や酒などを供えた。ハンタマルヤは牛小屋（聖書では馬小屋）で出産したので、牛を飼っている者は牛に米や麦を食べさせた。

家族一同で夜通し前述のガラッサのオラショ三三べんを一座《ひとざ》として、これを二、三座唱えた。また月に二、三度「茶講《ちゃごう》」と称する集まりを触頭宅でおこない、組ごとに交代でガラッサを唱え、その後、酒を酌交わした。このとき聞役を一人か二人門の外に見張り番として立たせ、仲間でないものが来たら、出してあるキリシタンの佛様をすぐに隠し、何かの集まりを装い、宴会のふりをしたという。

先のキンタの日から六六日目をクハツタ（Quarta-feira クワルタ - フェイラ　ポルトガル語で水曜日のこと）といい、それより四六日間を「悲しみの内」といい、鳥獣の肉は食べてはならなかった。これが終わった翌日を「喜びの日」といい、触頭たちは惣頭の家に集まってオラショを唱え、酒を飲み、食事をする。

子供が「宗入《しゅうい》り（洗礼のこと）」するときには、親が触頭にドメゴス（Domingo ドミンゴ　ポルトガル語で日曜日のこと）という祝い日を聞き、その日に触頭宅に連れてゆき、佛前に水を供え、キリシタンの経文を三回唱え、その水で指先を清め、額に十文字を切り、ホウチイスモ（baptismo バプチズモとはポルトガル語で洗礼のこと）と呼ばれるその水を飲ませ、異名《いみょう》（洗礼名）を付けてやった。

病人には薬は飲ませず、日夜快気を願ってオラショを唱え、大病の時には他人の目もあるので医者にはかかるが、もらった薬は捨ててしまう。病死者がでたときには、キリストが槍《やり》で突かれて殺されたことに倣ってのことであろうか、剣で刺されて死ぬことを本意とし、死体に刃物をあて、釘《くぎ》や針を刺し込む。

僧侶の立ち会いなどでそれができない場合には、頭陀袋《ずだぶくろ》の中に刃物をいれて持たせるか、お棺《かん》の蓋《ふた》をするさいに、首のあたりに突き刺さるように釘を打った。死装束はあり合わせのものを着せ、頭の上に赤い布をかぶせ、髪は剃《そ》るのを嫌うが、人目もあるので、少し襟のあたりを残して剃る。墓石は戒名を刻むのを嫌って、野石（自然石）を据え、喪中に精進することはせず、仏壇には魚鳥を供えた。

以上のように、ずいぶんとめずらしい風習がたくさん伝わっていたものであるが、いったい彼らの信仰は何を求めていたのであろうか。吉蔵の口書きによれば、個人としては、「世界の諸物その恩愛を受けずして成育いたし候ものこれなく、右故《ゆえ》、信心いたし候ば、現世にて田畑作物出来方宜《よろし》敷く、其外諸事《しょじ》仕合《しあわせ》よく、諸願成就、福徳延命、来世は親妻子兄弟一同ハライソへ（朱書　此《この》ハライソは天上の極楽と申す事の由《よし》申し候）再生いたし、無限歓楽を得候《えそうろう》旨《むね》承り伝へ、右様《みぎよう》の恵深《めぐみふか》き事故《ことゆ》へ一途《いちず》にハンタマルヤを念じ、朝夕ウラッショ（オラショ）」に努めたのである。

ひとことでいえば、無病息災・豊作満足・極楽往生である。とりたててこれがキリスト教信仰というような特別なものではなく、仏教信仰といっても何ら違和感はない。

キリシタン組織の責任者としては、「毎年四季の土用中に一度ずつ五穀豊穣《ほうじょう》、国土安全、報恩の祭事、雨乞《あまご》い並びに流行の悪病除《よ》け」や、門徒から依頼された諸願成就のために惣頭宅に触頭一同が集まり、一七日間あるいは三七日間仏前に酒魚などを供え、ガラッサなどの経文を唱えた。

ここには最もポピュラーな、民衆の現世利益的祈願がずらっと並べられているが、来世における「ハライソの無限歓楽」を求めている点が注目される。彼らがパライゾをどのようなところと理解していたか、明らかにする史料に乏しい。おそらく具体的なイメージを持つことはできず、仏教における極楽からの類推によって、ただよい所といった程度の理解であったろう。調書を取った役人が書いたパライゾの但し書きに、帳方吉蔵が「天上の極楽と申す事の由」といったと朱書されている。

薬も飲まず、死体に釘や針を刺し、仏壇に魚鳥を供える彼らの風習は、日本人の風習としてはもちろん、キリスト教の立場からみてもきわめて奇異なものである。吉蔵自身、同じく惣頭を務めていた父の利五郎から、「御禁制の耶蘇《やそ》宗門とは別宗にて異宗と申し伝え」られており、キリシタンであるという自覚はなかったというのが本当のところではなかったろうか。

もっと厳密にいうならば、たとえキリシタンと称しても、そもそもキリシタンであるとはどのようなことなのか、それ自体がわかっていなかった。現代のカクレキリシタンがカクレと呼ばれても、実際には隠れてもいなければキリシタンでもないのと同じことである。名は体を表すというが、ときおり名と実態の間に大きなずれがある場合があり、じゅうぶんに気をつけねばならない。

父祖伝来の風習を、異風であり、よく意味がわからないとは感じつつも、ただありがたい教えとして守り伝えてきたというのが実態であった。それゆえ「絵踏は支配役所申し付け通り、年々（毎年）村内の者共一同踏み」続けてきたのである。

長崎奉行岡部駿河守《おかべするがのかみ》の江戸への上申書によれば、以下のように記されている。

「元来辺鄙愚昧《がんらいへんぴぐまい》（おろか）の百姓共文字等書き覚え候もの少く、多分は無筆《むひつ》（読み書きができない者）の儀不思慮にて異宗とのみ申し伝え、何宗旨と申す弁別（宗教の違いを区別する）も之なく、唯《た》だ田畑作物出来宜く、諸願成就来世快楽等の説に迷い信仰いたし候迄の儀と相聞え、尤《もつと》も右次第他へ洩《もら》し候ては佛罰を受け候との申し伝えを恐れ、一旦は一命にも掛け申し陳《ちん》じ（申し開きをする）候趣にて、度々責問《せきもん》（拷問）等受け候ても更に口外致さざる儀の処……」〈（　）内は引用者補注〉

取調べの結果、彼らは文字を読むことも書くこともできず、ただ異宗とだけしか先祖から聞かされていなかった。もしそれを誰かにもらしたら、（キリシタンの）佛罰が当たるといい伝えられてきており、それが恐ろしくて、何度取調べを受けても、命がけでその秘密を守り通してきたというのである。これまで自分たちがおこなってきたことが、取調べによってはじめて御制禁のキリシタンであることを聞かされ、今後はきっぱりやめることを誓ったのである。

天草崩れの場合も同じように、「代々父祖より申し伝え候に泥《なず》み（慣れ親しむ）候儀、畢竟《ひっきょう》（要するに）愚昧より心得違い候段紛《まぎ》れ無く、此度一統後悔し、以来怪しき風儀（風習）急度《きっと》（必ず）相止むべき旨申し立て候に付き、御宥恕《ゆうじょ》（寛大な許し）を以て御咎《おとがめ》に及ばざる沙汰に候」と、先祖からいい伝えられてきたことを、無知ゆえ何もわからないまま続けてきただけで、心得違いをしていたことをさとり、今後は絶対にやめることを誓って処分を免れたのである。〈（　）内は引用者補注〉

(3)　魅せられる秘められた世界

吉蔵の口書きによれば、オラショを唱えているときに万一他に知られては、「天機（重大な秘密）を洩《も》らし候罪遁《のが》れ難き事」であり、万一露顕して取調べを受けた場合には、「不動心を凝《こら》し（固く持つ）何程責問《せきもん》（拷問）等に逢ひ候ても宗旨の修行と観念」〈（　）内は引用者補注〉して白状せぬよう、それでも処罰を免れない場合には、即身成仏をとげよといわれていた。死後はその名前を留《とど》め、永久に命日には供物など供えられ、特別に尊敬を受けるので、決して秘密を漏らさぬようにと、親たちから教えを受けていたという。

　この吉蔵の口書きの解釈は非常に微妙であり、重要である。一般的には、「オラショを唱えているとき、もしキリシタンであることがばれたら、どんな拷問にあっても白状することなく殉教せよ」と、命がけでキリシタン信仰を守り続けてきたことの証言と読み取ることであろう。実際これまでそう解釈されてきた。

　はたしてそうであろうか。もしそうだとするならば、キリシタンとは何かをはっきりと理解し、その上で、キリシタンであることの自覚をしっかりと持っていたという前提が不可欠である。しかし、これまでみてきたように、そのような前提はどこにも存在しない。

　ではこの口書きはどう解釈すべきか。先に紹介した、岡部駿河守の上申書にあるように、秘密を漏らすことによって佛罰を被ることが怖かったのである。それほどまでにして守らなければならない秘密とは何だったのか。実は秘密が何であるかということはさほど問題ではない。

　神道ではご神体は絶対にみてはいけないし、みせることも許されない。みたら神罰が当たると信じられているからである。そのご神体が何であるかは誰も知らないし知る必要もない。ただありがたい神ではあるが、掟《おきて》にそむけば罰を被る恐ろしい存在であるということだけで十分なのである。

　御禁制のキリシタンであるから隠してきたのではなく、秘密にせねばならないという伝承それ自体が、人々を強くひきつける力を有していたのではなかろうか。ひとつの思想なり信条なりは、抑圧されればされるほど抵抗力を増し、秘密度が高ければ高いほど、そこに秘められた力は増大し、その力によってもたらされるものに対する期待も不安も高められていくのである。

言葉もしばしば理解不可能なもののほうが神秘性をまし、呪術的な力をもち、いっそう人々をひきつける。言霊といわれるように、言葉には魂が宿っている。その言葉が最も不思議な力を発揮するのは、呪文のような理解を超えた言葉であるときである。現存するカクレキリシタンのオラショが何百年も消滅することなく伝承されてきたのは、呪文化し、人々の心をひきつけてやまなかったからである。

お坊さんが唱えるお経の言葉も、誰でもわかるような言葉であったら、何のありがたみもないであろう。南蛮のキリシタンバテレンの神も、虐げられれば虐げられるほどその怪しい妖法の魅力を増し、信徒をひきつけ、宗門外の人々を畏怖せしめていったことであろう〔拙著『カクレキリシタンの信仰世界』東京大学出版会、一九九六年〕。

吉蔵の次の証言が、そのことをはっきりと物語っている。「簞笥の引出の内に旧来仕舞置き候釘付き箱物一つこれ有り、取り開き候へば、即時に佛罰を受け、眼潰れ候由先祖より申し伝へ」とある。タンスの引き出しの奥にしまわれた、先祖伝来の開けることを許されないあやしい箱。キリシタンであることが発覚するのが恐ろしくて開

生月島壱部　開けずの壺　個人蔵

けなかったのではなく、佛罰で目がつぶれることがこわかったからである。

浦上村山里郷濱口のもうひとつのグループの惣頭であった百姓龍平の口書きによれば、彼の家の庭の松の根にひとつの瓶《かめ》が埋められており、そのあたりで小便したり、土石などを動かせば必ず凶事が起こると代々いい伝えられていたという。それが何であるかみたこともないと申し立てをしたので、役人が掘り出してみたところ、瓶のなかから人の形を浮き彫りにした青銅の板がでてきた。このように近づいてはならない、触れてはならないという秘密のタブーはことのほか人々の心をひきつける。

私が現代のカクレキリシタンの調査をするなかでも、ときおり開けずの箱に遭遇することがある。この時代にあってなお、所有者もそのタブーゆえに神秘的な力を感じているのである。パンドラの箱のように、ひとたび開けてみれば、夢や期待は一瞬にして消え去ってしまうかもしれない。

有名なカクレキリシタンの島であった平戸島の根獅子《ねしこ》では、組織が解散した今でも、御神体はそれを祀っている家の当主と長男だけしかみることが許されないという。これまで仲間の信徒はもちろん、役職者にすらみせたことがないという。キリシタンの神様だからみせないのではなく、人からみられると効き目がなくなるからとか、人からみられることを嫌う神様なので、他の人にみせればタタリが生じるかもしれないと考えられているからである。

第五章

創作された二つの奇跡

――バスチャン伝承と信徒発見の新解釈――

日本の四五〇年あまりにおよぶキリスト教の歴史の中でも、最も印象的なできごとのひとつは、なんといっても大浦天主堂でのプチジャン神父と、浦上の潜伏キリシタン一行との劇的な再会である。この「信徒発見」ないしは「キリシタンの復活」と呼ばれるできごとは奇跡とされているが、はたしてそれは本当に奇跡だったのだろうか。本章では奇跡ではなく、人間的な現象としてその謎の解明に迫ってみたい。

日本における新たな布教

ここで改めて、潜伏から復活にいたる経緯についてふれておくことにする。きびしい迫害がつづいた潜伏時代のキリシタンの信仰がいかなるものであったかについては、前章でその一端を紹介した。

一六一四年（慶長一八）の江戸幕府の大禁教令発布以来、徹底したキリシタン弾圧がおこなわれ、日本における布教活動は完全に閉ざされてしまうが、幕末になってその状況にも変化が生じ始めた。教皇グレゴリウス一六世が、一八三一年（天保二）に朝鮮と日本における布教をパリ外国宣教会に委託したことによって、日本におけるキリスト教再布教の準備が開始されることとなった。

まず一八四四年（弘化元）、パリ外国宣教会のフォルカード神父が琉球《りゅうきゅう》に入り、日本語を学びながら日本潜入の機会を狙ったが、健康を害して一八五二年（嘉永五）フランスに帰国した。これにかわって一八五五年（安政二）に同会のジラール、フューレ、メルメの三神父が琉球にわたり、日本語学習を始めた。

江戸幕府は二五〇年余りつづく長期政権となったが、幕末には次第に財政は逼迫《ひっぱく》し、国内の閉塞感《へいそく》も高まっていた。欧米列強の通商再開の要求に抗しがたく、一八五三年（嘉永六）ペリーの来航によって、ついに翌年、米、英と、さらに次の年には露との間に和親条約が締結される。

一八五八年（安政五）、幕府は米・英・蘭・露・仏五か国と修好通商条約を締結。外国人の在留は居留地に限定され、十里四方の遊歩地域外への外出は認められなかった。居留地内に教会を建てること、外国人の信教の自由は認められたので、カトリック、プロテスタント、ロシア正教の宣教師が続々と来日するようになった。

これをうけて一八五九年（安政六）、ジラール神父がフランス領事館付の司祭兼通訳として横浜に上陸した。一八六二年（文久二）日本再渡来後最初のカトリック教会横浜天主堂が創建された。翌年にはフューレ神父が長崎に赴き、大浦天主堂建設に着手。同年プチジャン神父が長崎に赴任し、フューレを助けて建築をすすめた。一八六四年（元治元）にはローケーニュ神父も長崎に着任し、一八六五年（元治二）二月プチジャンの手によってついに大浦天主堂が完成した。

浦上の潜伏キリシタンたちは、大浦天主堂におけるキリシタン復活の前に、厳しい試練を凌《しの》がねばならなかった。すでに、一七九〇年（寛政二）に浦上一番崩れ、一八四二年（天保一三）には浦上二番崩れを経験していたが、証拠不十分にておとがめなしという寛大な処分であった。

しかし、一八五六年（安政三）の浦上三番崩れの時には、浦上村の潜伏キリシタン組織の最高指導者であった、帳方《ちょうかた》の吉蔵らキリシタン一五人が捕縛され、吉蔵をはじめとする主な役職者たちはほとんど獄死し、浦上潜伏キリシタン組織は壊滅的な状態に陥った。

謎の日本人伝道士バスチャン

一八六五年大浦天主堂における長崎の信徒発見には、「バスチャン伝承」という一つの伏線がある。バスチャンは日本に宣教師がひとりもいなくなったあと、長崎や外海地方で信徒の世話をしていたといわれる日本人伝道士で、ジワンという神父の弟子だったと伝えられている伝説上の人物である。

バスチャン伝承は、浦川和三郎司教の『切支丹の復活 前篇』（日本カトリック刊行会、一九二七年）に詳しく紹介されているが、ほとんどすべてが伝承、推察、出典のない話を材料として成立しており、いつ、どこで、どのようにしてこのようなストーリーが生まれたものかまったく謎につつまれている。

浦川の『切支丹の復活 前篇』には次のような話が書かれている。

バスチャンはジワン神父の弟子になり、一緒に小江《こえ》・手熊《てぐま》（長崎市郊外西彼杵半島）などに隠れながら伝道し、外海の神浦《こうのうら》村の「落人《おちうど》の水」と呼ばれるところまで行ったとき、ジワンはもう自分は国へ戻るといってどこかに姿を隠してしまった。

しかし、バスチャンは毎年移動する教会暦の繰り方（日取りのとりかた）がよくわからず、二一日間断食し、「今一度帰ってきて教えてください」とジワンに願ったところ、ジワンは再びどこからか戻ってきた。ジワンは繰り方を教えると、バスチャンと別れの水杯を交わして浜辺に下り、再び海上を歩いて遠く波間に消え失《う》せてしまったとある。このジワンの話は、新約聖書のなかのマタイによる福音書第一四章の、海上を歩いて渡るイエスの話になぞらえたものである。

話はさらに次のように続いていく。

一六五七年（明暦三）、大村の郡《こおり》崩れの後、この地方ではキリシタンの探索が厳しくなり、ついにバスチャンも捕えられた。現在の長崎市役所水道局別館の所にあった、桜町牢に三年余り投獄され、七八回もの激しい拷問を受け、斬罪《ざんざい》に処せられたという。

バスチャンはジワンに教えてもらった、「バスチャンの日繰《ひぐ》り」と呼ばれる教会暦を

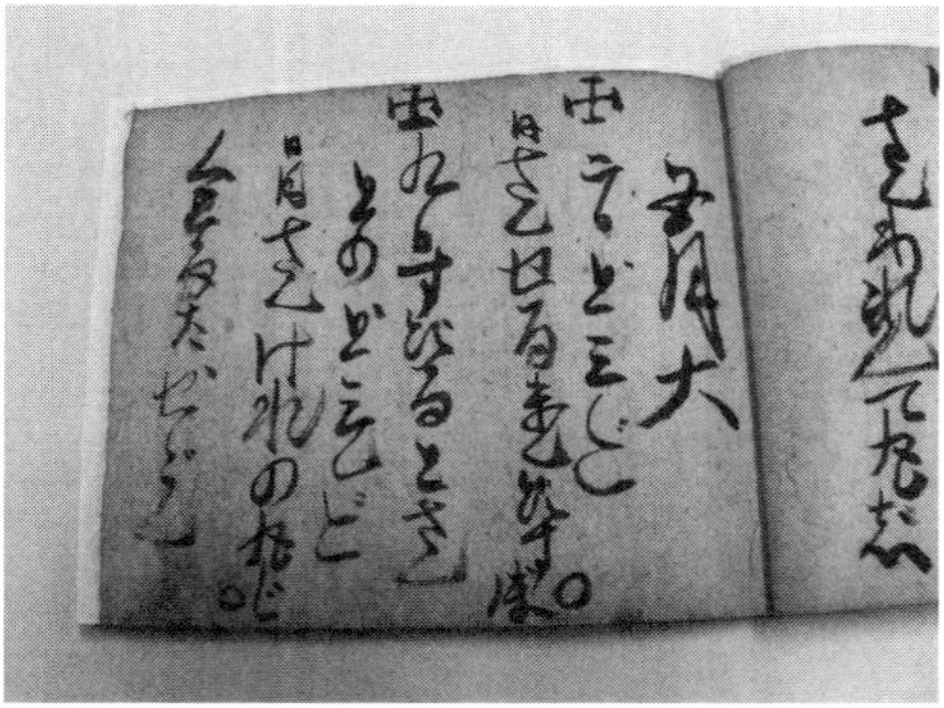

バスチャンの日繰り

残したが、これが潜伏時代に、外海や五島のキリシタンたちが年中行事を忘れずに伝承できた大きな力になったとされている。

また「バスチャンの椿」伝説がある。バスチャンが隠れ住んだ三重《みえ》村の樫山赤岳《かしやまあかだけ》は、当時「神《かみ》山《やま》」と呼ばれていた。この神山にあった椿の大木の幹に、バスチャンが指で十字を印《しる》すと、その十字の印が幹にはっきりと浮き出た。その後、キリシタンたちは、この椿を霊樹として拝むようになった。赤岳はキリシタンにとって聖なる山とされ、三重村や出津からだけでなく、浦上からも信徒たちが巡礼に訪れていたそうである。

一八五六年の浦上三番崩れによって迫害が再び激しくなり、「バスチャンの椿」が切り倒されるという噂が流れた。外海の信徒たちはその木を自分たちで切り倒し、枝は仲間のキリシタンたちに配った。彼らはそれを大切に保管しており、現在でもこの地のカクレキリシタンたちは、だれかが亡くなると、死者の鉢巻にこの椿の木片を小さく削ったものを差し込んで、死者の土産として持たせてやる風習が残っている。

またバスチャンが残したものとして、処刑される前に外海の信徒たちに与えたといわれる以下の四つの「バスチャンの予言」がある。

①お前たちを七代まではわが子と見なすが、それからあとはアニマの助かりが難しくなる。（アニマはポルトガル語・ラテン語の anima 霊魂）

②コンヘソーロが大きな黒船に乗って来ると、毎週でもコンヒサンを申すことができる。（コンヘソーロはポルトガル語・ラテン語の confessor 罪の告白を聴く司祭、コンヒサンはポルトガル語の confissão 罪の告白）

③どこでもキリシタンの教えを歌って歩けるようになる。

④道でゼンチョに出会っても、こちらから道を譲る前に先方から道をさけるであろう。（ゼンチョはポルトガル語の gentio 異教徒）

外海、五島、長崎の潜伏キリシタンたちは、この四つの予言をひたすら信じ、コンヘソーロが再びやってきて、大声でオラショできる日を、弾圧に耐えながら七代二五〇年間待ち続けたといわれている。大浦天主堂でのプチジャン神父と浦上の潜伏キリシタンとの再会は、バスチャンの予言が文字通り実現したということになる。

この話は少々できすぎているような気がしないではない。まず、バスチャンという日本人伝道士と、その師ジワン神父が実在の人物かどうかは、資料の上では確認できない。外海で活動していたジワンという神父が実在の人物であったならば、その動向がまったく記録に残されていないということはありえない。

またジワンをめぐる多くの話も、「海上を歩いて遠く波間に消え失せてしまった」とか、「指で椿の幹に十字を印すと、幹に十字の印が浮き出た」といった荒唐無稽《むけい》な伝承である。バスチャン暦と呼ばれる暦は確かに今日まで伝承されているが、はたしてバスチャンという人物が本当にジワン神父から伝授され、外海の信徒に伝えたものかどうかはさだかではない。

次に、四つのバスチャンの予言であるが、アニマ、コンヘソーロ、コンヒサン、ゼンチョといったポルトガル語ないしはラテン語を含む文章の意味を、日本語の読み書きすらもほとんどできない潜伏キリシタンたちが、二二〇年余にわたり、その予言の内容をはっきりと理解し、これほど正確に伝承することができたであろうか。プチジャンは、彼らはそれらの言葉を全く理解することなく唱えているとはっきり述べている（本書一六七頁参照）。

浦上三番崩れ当時、浦上潜伏キリシタンの最高の指導者であった帳方吉蔵は、本尊はハンタマルヤで、ジゾウス（イエス）は脇仏であると証言している。また、「ガラッサ」はもっとも広く信徒に唱えられていたオラショであるが、吉蔵が伝えていた「ガラッサ」ですら、その原典である「あべまりあ」のオラショからどれほど大きく変容し、呪文化《じゅもん》してしまっていたかは前章で述べたとおりである。

ましてや、はっきりとした記録もない、一六〇〇年代の中頃に生きていたといわれる、ひとりの伝説上の日本人伝道士バスチャンの、ラテン語やポルトガル語が交じった予言が、これほどしっかりと潜伏時代を通して、転訛《てんか》もせず幕末まで信徒の間に伝承されてきたということは到底ありえない。潜伏時代初期に生まれた予言であれば、オラショの変容などと同様、その予言はかなり変容しているはずである。

しかし、その予言はまったく変容したあとが感じられないばかりか、ラテン語やポルトガル語まで正しい形で残っていたということは、あきらかに後世の創作といわざるをえない。幕末の復活期に近いころ、ラテン語、ポルトガル語交じりの文を作ることができたのは、再渡来したフランス人宣教師をおいてほかにない。さすれば、まずその可能性が考えられるのは、プチジャン神父あたりということになろう。

大浦天主堂前庭にあるプチジャンと浦上信徒との再会の場面を描いたレリーフ

キリシタン復活の謎解き

同じことが、一八六五年（元治二）三月一七日、大浦天主堂内で、浦上の信徒たち一二人ないし一五人の一団と、プチジャンが、二二一年ぶりに再会した信徒発見の場面でもいえるのではなかろうか。『プチジャン司教書簡集』によれば、堂内の祭壇の前で、五〇から六〇歳くらいの三人の女性のうちのひとりが次のようにいったと、プチジャンがジラール神父にあてた書簡には記されている。「ここにいる私たちはあなたさまと同じ心の者です」。これはフランス語からの翻訳であるが、フランス語の原文では“warera no moune anata no moune to onaji”（〝我らの胸あなたの胸とおなじ〟）と、ローマ字綴《つづ》りの日本語のままで書かれている。初対面での最初の言葉が、「私たちの心はあなたの心と同じです」という告白に始まるというのは、少々飛躍しすぎではなかろうか。双方のおかれた立場の差も大きい。一方はローマ教皇から派遣され、フランスのパリからやってきたカトリック司祭。かたや貧しい田舎の一潜伏キリシタン女性（イザベリナ杉本ゆり　産婆　五三歳）。緊張して顔もまともにみることができないのが普通であろう。とにもかくにも、まずは互いに話をしてみて、心の中にある信仰を確かめ合わねば、同じであるとはいえなかったはずである。まるで最初から司祭と司祭を待ち望む信徒が出会うことがわかっていたかのような話の展開である。

次に発した言葉が「サンタマリア御像はどこ（Santa Maria gozo wa doko?）」だが、浦上の信徒たちは二〇〇年余り、本物のヨーロッパ製のマリア像を一度もみたことがなかった。彼らが知っていたのは、マリヤ観音と呼ばれる白磁の純然たる仏教の観音像か、誰かよくわからないような和製の民俗的な神仏像のようなものであった。初めて目にするフランス製のマリア像をひとめみた瞬間に、それが先祖代々七代にわたって待ち続けてきたサンタマリアの像であると直ちに認識できたのであろうか。

さらに、像をみた彼らは口々に、「そうだ、本当にサンタマリアさまだ。ごらんなさい。御子ゼズスさま（on ko Djezous sama）を御腕に抱いていらっしゃる」といったとプチジャンは報告している。何を根拠に本物のサンタマリア様と確信したのか。また、抱かれているのが御子ゼズス（イエス）とわかったのか。

たとえ神の名前がゼズスからジゾウスになまったとしても、中身はすこしも変わることなく、正しく理解し続けることができたのか。現存するカクレキリシタンの信仰は、全くそれと正反対の結果を示している。姿や形といった表面的なことはかなりの程度まで伝え続けることはできても、その中身は全くといっていいほど忘却され、変質してしまっている。これほど正しくその中身を理解できた者がいたとしたら、その当時の日本には宣教師をおいて外に考えられない。

プチジャンの報告はさらに具体的に展開していく。「私たちは御主《おんあるじ》ゼズス様（On Arouji Diezous sama）の御誕生の祝いを、旧暦霜月（Chimot'ski）の二五日に致します。この日の真夜中頃、御主は馬小屋に生れ、貧困と苦難の中に成長されましたが、三三歳のとき、私たちの魂の救いのために、十字架上で御死去なさったと聞いております。只今《ただいま》は悲しみ節（Kanachimi chets）です」と語ったと記されている。

このキリシタンの復活のわずか九年前に起こった、浦上三番崩れでの取調べの中で、浦上の最高の指導者吉蔵は、上述のナタル（Natal クリスマス）について、「毎年冬至前後のキンタの日（Quinta-feira キンタ - フェイラ 木曜日）をナタリアとして各家で祝い、前の晩より伽《とぎ》といって仏前に生魚や酒などを供えた。ハンタマルヤは牛小屋で出産したので、牛を飼っている者は牛に米や麦を食べさせた」と供述している。

帳方吉蔵は、浦上の信徒たちの指導的立場にある最高の役職者であるが、どちらが帳方かわからないような知識の質の差である。吉蔵はただ前の晩（クリスマスイブ）から仏前に魚や酒を供えてナタルを祝い、牛小屋で出産したので、牛にはいい餌を食べさせると、ただ先祖から伝えられてきた行事のおりにどのようなことをするかという、儀礼的、慣習的なことにしかふれていない。しかも、聖書の中ではキリストは馬小屋で生まれたとなっているのに、牛小屋にかわってしまっている。

いっぽう、大浦天主堂を訪ねた信徒たちは、御主ゼズスさまは霜月二五日の真夜中に馬小屋で生まれ、貧困と苦難の中で成長し、三三歳の時に人間の魂の救いのために、十字架にかけられて殺された。今がちょうどその悲しい季節に当たっていると、なぜキリストが三三歳の時に十字架に磔《はりつけ》になって殺されたのかという、キリスト教の教えの本質までズバリと指摘している。さらに、今ちょうど「悲しみ節（四旬節）」にあたっているので、キリストの死を悲しんでいるのであると、行事とその行事の意味の関連についてまで一点の誤りもなく説明している。

イエスが三三歳の時に殺されたということを知っているのは、現代のカトリック信徒でも、せいぜい一〇人に一人くらいものであろう。二〇〇年以上もキリシタンの教えに接することがなく、住民のほとんどが字も読めなかった浦上の潜伏キリシタンたちが、これらの内容を誤りなく記憶伝承し、プチジャンに語ることができたということは到底ありえないといわざるをえない。

第四章で、潜伏時代の初期より後期までの信徒たちの教義の理解度について詳しくみてきたが、一言でいえば、彼らの信仰はキリスト教とはみなせぬほど異宗化したものであった。信徒発見よりずいぶん前に書かれた『天地始之事』ですら、丸や（マリア）はルソンの国の帝王から求婚されたが、それを断わって、父親もわからない子（ゼズス）を身ごもり、それを知って怒った親から追放され、流浪先のベレンの国の牛馬小屋で御身様を出産したという話になっている。

ジラール神父にあてた、もう一通のプチジャンの手紙には、次のように記されている。

「（大浦天主堂を訪ねてきた大勢のキリシタンたちは）十字架を礼拝し、サンタ・マリアの祭壇で祈り、彼らの中にはラテン語で、〝ペル　シニユム　クルチス　アブ　イニミチス　ノスツリス　リベラ　ノス　デウス　ノステル（Per signum crucis ab inimicis nostris libera nos Deus noster）〟と唱えながら、ポルトガル風に、額と口と胸に十字架の印をする者もいます」

浦上キリシタンたちは、ラテン語の祈りまで唱えることができた者もいると、プチジャンは書いているが、そのプチジャン自身が別のところで次のようなことをいっている。大多数のキリシタンたちが、「コンチリサンノリヤク」と呼ばれるかなり長文の祈りを暗唱できることに驚きながら、「しかし彼らはそれらの意味を全然理解することなく誦えています。例えば、〝パーテル ノ ナキ コンビソン〟や、〝コンイエソーロ〟の言葉の意味を知らないのです」といっている（傍点引用者）。

潜伏時代の浦上の信徒が「コンチリサンノリヤク」を知らないのはあたりまえである。ポルトガル語が多数交じっているこのオラショは、現代のわれわれにとっても決してやさしい文章ではない。

ここで簡単に説明しておく。コンチリサンとは、ポルトガル語の contrição で、犯した罪を深く悔い改めるという意味である。キリシタン時代の日本司教ルイス・セルケイラが、「コンチリサン」の気持ちを起こすための心得と、その祈りを信徒たちに教えるために、一六〇三年（慶長八）、長崎で『こんちりさんのりやく』を刊行したが、原本は失われ、現在残っているのは筆写、口伝で伝えられた写本である。『こんちりさんのりやく』のなかにある「コンチリサンのオラショ」は、長崎・外海・五島地方の潜伏キリシタンおよびカクレキリシタンの間にもっともよく流布したオラショのひとつである。キリシタンにとって大切な秘跡のひとつに、コンヒサン（confissão ポルトガル語）という、犯した罪を司祭に告白して許してもらう儀式がある。潜伏時代に入ると、司祭がひとりもいなくなり、踏絵を踏んでもコンヒサンをおこなうことができなくなった。キリシタン研究者の片岡弥吉は、潜伏時代にキリシタンたちが信仰を守り伝えることができたのは、コンヒサンの代わりにコンチリサンのオラショを唱え続けてきたからであると次のように指摘している。

「徳川時代の仏教強制政治の下に潜伏したキリシタンたちが、信仰伝承をなしとげ得たのは、寺参りや絵踏に罪意識を持ち、神の許しを求める心があったからであり、その心は、キリシタンの神への信仰と愛の表現であったと考えてよい。その心の表現として、コンチリサンのオラショをとなえつづけた。……（中略）……このオラショが、当時の文章のまま今日のかくれキリシタンたちの間に生きつづけたのだが、それが大切にされたのは、パアデレ（神父）がいなくなり、コンヒサン（告解）をすることができなかった時代に、このオラショによって罪の許しを祈ったからである」（『キリシタン書・排耶書』岩波書店 日本思想大系二五 一九七〇年所収 片岡弥吉解題「こんちりさんのりやく」）

プチジャンは、「コンチリサンのオラショ」の中に出てくる「パーテル ノ ナキコンビソン」、つまり、パーテル（司祭）がいない状況下でのコンヒサン（罪の告白）をどうするのかという言葉、それからコンフェソーロ（confessor ポルトガル語・ラテン語）という罪の告白を聞いてくれる司祭という、このオラショのなかで最も大切な概念であるこのふたつの言葉を、浦上の潜伏キリシタンたちは唱えてはいても、意味を知らなかったといっているのである。

器《うつわ》や形は大切に守り続けられてきたのであるが、その器に盛るべき肝心の中身が忘れ去られてしまっていたのである。第八章で詳しく触れるが、今に残るカクレキリシタン信仰も、外面的にはキリシタンのようにみえる部分もかなり残ってはいるが、その中身はキリスト教とは根本的に異なる日本的なものに置きかえられている。

筆者が本書の中で繰り返し述べている、「キリシタンは命がけで信仰を守り通した」が、その守り通した信仰は、キリシタンとは呼ぶことのできない別のものであったというのはこのことである。迫害や殉教もたしかに悲劇であったにちがいないが、キリシタンの歴史のほんとうの悲劇はここにあるといえよう。

「バスチャンの四つの予言を大切に胸に抱き、コンへソーロがやって来る日を夢みながら、親から子へと七代二五〇年間にわたり、ひそかにその信仰は受け継がれてきた」というキャッチフレーズは、潜伏期のキリシタン信徒の信仰を示す象徴的な表現としてひろく巷間《こうかん》に定着している。しかしながら、「コンフェソーロ」と「コンヒサン」という重要なポルトガル語が、前節で紹介したバスチャンの予言の②の中にふたつとも出てくるが、潜伏キリシタンたちはそれらの言葉の意味を知らなかったのである。

このプチジャンの一連の証言によって、バスチャンの予言は潜伏キリシタンたちのあいだには伝承されていなかったことが明らかになった。もしバスチャンの予言が本当に存在していたとすれば、彼らは意味のわからない予言を心のよりどころとして、二五〇年間宣教師の再渡来を待ち望んできたことになる。

キリシタンの復活という潜伏期の最終時点で、浦上の潜伏キリシタンたちが、主の降誕と受難、そして四旬節との関連をこれほど明晰《めいせき》に一点の誤りもなく伝承してきたという従来の言説は、資料が語る事実と相違していることが明らかである。

「大浦天主堂におけるキリシタン発見の出来事は、世界宗教史の上での奇跡といわれている。それは単に、三月一七日の劇的な神父とキリシタンの出会いを指すだけでなく、二五〇年、七世代の間弾圧の下で信仰の伝承をなしとげた、その信仰の歴史についていわれることである」（高木慶子『高木仙右衛門に関する研究』思文閣、二〇一三年）というような評価をしばしば目にする。奇跡を信じ、そのような歴史を称《たた》えるのは、信仰の立場からは認められるが、実証的な学問の立場からは受け入れられない。

信徒発見は創作ドラマか

またプチジャンは、「（浦上には）六千から八千人の信者がいるのに、特別に勉強した人は一人もありません。ごく少数の人が簡単な『ヒラガナ』を読むことができます。……多くの人たちは、自分たちにとって私たち司祭が必要であるということをまだわかっておりません。洗礼と祈りと痛悔があれば、彼らは終生それで宗教に関する事柄について十分であると信じています」と明言している（長崎地方文化史研究所編『プチジャン司教書簡集』純心女子短期大学、一九八六年。傍点引用者）。

このプチジャンの証言もまた、潜伏キリシタンたちが、「バスチャンの予言を心のよりどころして、宣教師が再びやってくるのを待ち望んでいた」というわけではなかったことをはっきり示している。もっと正確に言うならば、司祭を待ち望んでいたわけでも、いなかったわけでもなかった。二百数十年間、ひとりの司祭の姿もみたことがなかった彼らは、宣教師なるものがこの世に存在することすら知らなかったであろう。ましてや信仰を守るためには司祭が必要ということなど知る由もなかったのである。

プチジャンはじめパリ外国宣教会の司祭たちは、日本の潜伏キリシタンたちの救済のために、艱難《かんなん》をしのぎ遠路はるばるフランスからやってきた。しかし、当の日本人たちは、十字を切るしぐさをしたり、ラテン語交じりの呪文のようなオラショを唱え、先祖の位牌《いはい》とともにマリアらしき観音像に手を合わせている。

自分たちを必要とし、待ってくれている信徒がいることを期待していたに違いないプチジャンは、それを知ってどれほど落胆したことであろうか。大浦天主堂で、「信徒発見のために来日した司祭」と、「司祭との再会を待ち望んでいた信徒たち」との劇的な対面が果たされ、潜伏していた信徒が発見されたというプチジャンの報告は、正しいキリスト教の教えがわからなくなってしまっている日本のキリシタンたちを、真正なキリスト教徒として再生させるために、プチジャンが創作した自作自演のドラマだったとみるのが至当であろう。

パリ外国宣教会の司祭たちは、日本はいまだに迫害が続いているが、もしかしたらひそかに生き残っているキリシタンをみつけだすことができるかもしれないというかすかな希望を持って来日した。一八五九年（安政六）、ジラール神父が日本再布教のために最初に横浜に上陸したときのことを、マルナスは次のように書いている。

「宣教師は日本に入ると新しい期待と新しい試練をうけねばならないけれども、伝道者の魂が身をふるわせるほどの極めて神聖な喜びも彼らを待っているのである。彼らは長い間孤独の生活をしてきたが（日本に入るために一五年間琉球で待機していたこと）、急に大勢の子供に囲まれる（日本の潜伏キリシタンとの出会い）ことになるのだ。……いつか昔のキリスト教徒の子孫をみつける、そしてその者を介して他の者と秘かに連絡を取り、多くの迫害に生き残ったこれらの人々がどこに隠れ住んでいるかをはっきりと知る。以上がジラールが夢中になっている考えだった」（フランシスク・マルナス著、久野桂一郎訳『日本キリスト教復活史』みすず書房、一九八五年。（　）内は引用者補注）

一八六四年（元治元）長崎に赴任したプチジャンは、同年一〇月に送った手紙の中で次のように書いている。

「よき神が私をこの長崎の町に送り給うたことに私はどれだけ感謝したことか。……ここでは、宣教師にとってすべてが思い出の種であり、伝道につながるものなのです。町のなかや郊外には、至る所に、日本の教会の栄えた時代のキリスト教に関するなんらかの立派な事実の痕跡が残っています。長崎の過去を学ぶのに我々の指標になるような歴史的・伝統的な公の記念物は日本政府が努めてこれを除去してしまいました」

長崎に赴任してきたプチジャンは、町のいたるところにキリシタンの歴史の痕跡《こんせき》をみつけることができた。シャルルヴォア神父の名著『日本史』（原著パリ刊、一七五四年）や、レオン・パジェスの『日本切支丹宗門史』（原著パリ刊、一八六九―一八七〇年、翻訳 岩波文庫 上中下三巻、一九三八年）、『日本二十六聖人殉教記』（原著パリ刊、一八六二年）を読み、この長崎の町とキリシタンたちがどのような歴史をたどってきたかを知り、二六聖人の殉教地が実際はどこだったかを確かめたりした。

こうして、日本に、長崎に、ザビエル以来のキリシタンの血につながる子供たちがまだまだひそんでいることを肌で感じた。ただ、血はどこかでつながっているとしても、キリシタンの血は二百数十年以上、表舞台に現れてくることを禁じられてきた。ながい潜伏時代を通して限りなくその血は薄くなり、日本の伝統的な諸宗教の血のほうが圧倒的に濃くなってしまっていることも、否応《いやおう》なく感じ取ったであろう。

大浦天主堂内　信徒発見のマリア像

もし日本におけるキリシタンの血が限りなく薄れ、キリシタンとはみなすことができなくなってしまっているとしたら、プチジャン神父をはじめ、パリ外国宣教会の宣教師たちの、これまでの努力は水泡に帰してしまうことになる。そこであきらめて彼らを見捨ててしまうのではなく、とりあえずザビエル以来のキリシタンが今日まで生き残っていたということにして、まずは国内外に知らせるという策を思いついたのではないか。

その後、徹底的に真正なキリスト教徒としての再教育を施し、日本の諸宗教と混濁してしまった血を少しずつ浄化し、混じりけのない純粋なキリスト教徒を育てていくのが最善の策と考え、この自作自演のシナリオを思いついたのであろう。一八六五年三月一七日に、大浦天主堂で起こった信徒発見に関する書簡の内容は、プチジャン神父の自作自演と考えれば、多くの疑問が氷解する。

「我らの胸あなたの胸とおなじ」という言葉は、逆にプチジャン神父のほうから、「私の胸あなたがたの胸とおなじ」と、訪ねてきた信徒たちに告白した言葉ではなかったか。信徒たちが「サンタマリアの御像はどこ」と尋ねたのではなく、プチジャンのほうから、「あなた方が慕っているサンタマリアの御像はこちら」と案内したのではないか。「あなた方がずっと大切にしてきたマリア観音は、本当はこのサンタマリアの御像なのです。御子ゼズス様を腕に抱いていらっしゃるでしょう」と。

そして、「今はちょうど『悲しみ節』といいます。御主《おんあるじ》ゼズス様は、霜月の二十四日の真夜中に、牛小屋ではなく馬小屋で生まれ、私たちの魂の救いのために、十字架に磔にされて殺されたのです。それを悲しむのが悲しみ節の意味です」と説明してやった。浦上のキリシタンたちは、いままで、先祖代々こうしなさいと伝えられてきただけで、なんのことかわからないままにやってきたことが、初めてそういう意味であったことを知り大いに驚いたことであろう。

さらにプチジャンの書簡は司祭の独身制についてもふれている。長崎港外、神の島の水方《みずかた》とよばれる、洗礼を授ける役を務めていたペトロ政吉は、本当のカトリックの司祭は独身のはずなので、プチジャンに子供がいないことを確かめようとした。プチジャンが「あなたと、そして日本のあなたの兄弟たち、この人たちこそ、神さまが私たちにお与え下さった子供たちなのです。他に子供を持つ事はできないのです」と答えると、ペトロは「ビルゼンでござる。おありがとう（Virgen de gozarou o arigato）」と地に伏して叫んだと記されている。

ビルゼン（virgem）とはポルトガル語で処女（童貞）を意味する言葉である。英語のバージン（virgin）である。プチジャンはこのやり取りに続いて、次のように書いている。「ペトロは最もよく教育され又、最も頭のよい一人です。かの島（神の島）の小さい群れ、即ち大体一五〇名ぐらいの信徒たちも同じ状況です。他の地区の殆どの人も、同じように文字を知りません。しかし、彼は読み書きを知りません」（傍点引用者）。

日本語の読み書きを知らない人たちが、二百数十年におよぶ禁教下の孤立状態の中で、本物のカトリック司祭ならば独身であるはずであり、そのことをポルトガル語でビルゼンと呼ぶと正確に言い伝えてきたのであろうか。このプチジャンの書簡の記述もまたプチジャンの自作と言わざるをえない。

信徒発見の日を境として、プチジャン以下、その他のフランス人司祭たちは、必死に彼らを真正なキリスト教徒に作り替えようとし、浦上のキリシタンたちも彼らの思いに応《こた》えるべく、必死になってゼロから、正しいキリスト教の教えを学び始めた。一八六五年三月一七日、それは、正しいキリスト教の教えを知らず、異宗徒であった潜伏キリシタンたちが真正なカトリック教徒として再出発する、記念すべきスタートの日であったと位置付けることができるであろう。

第六章

再生した復活キリシタン

前章では、大浦天主堂におけるプチジャンによる「浦上の信徒発見」の書簡は、プチジャン自身の手による自作自演の創作ストーリーではなかったのかという仮説を試みた。二百数十年におよぶこれほど長期間にわたって孤立状態にあった浦上信徒たちが、プチジャンの報告にあるような、明確なキリスト教徒としての自覚と、正しい教えを忘れることなく保ち続けていた、すなわち「潜伏キリシタンたちは信仰を守り通した」ということを実証するのは困難である。

潜伏キリシタンたちは、宣教師との再会によって、その後、全員がカトリック教会に戻ってきたわけではない。その後も潜伏期と同じような信仰形態をたもち続け、今日にいたっているカクレキリシタンと呼ばれる人たちも、少なからず存在したのである。教会に帰属した人々と、潜伏し続けた人々の比率は、半々程度であったといわれている。

本章では、限りなくキリスト教の教えが希薄化してしまっていた状況下で、ふたたび教会にもどった、いわゆる復活キリシタンたちに対して、パリ外国宣教会の司祭たちが彼らを真正なキリスト教徒へと導くために、いかに再教育を行ったのかということについてみていきたい。それに呼応して、彼らは驚くほど急速に真正なキリスト教徒に変身していったのだが、その信仰の本質がいかなるものであったのか考えてみたい。

上五島若松町桐教会前に立つガスパル与作の記念碑

潜伏キリシタンが存続していた地域

浦上の潜伏キリシタンが発見されたあとの最大の課題は、

①浦上以外の地域にも残っているかもしれない潜伏キリシタンの発見
②潜伏時代に行なわれてきた洗礼の有効性の確認
③真正なカトリック教義の再教育

であった。まず③の再教育の問題を中心に、潜伏キリシタンたちがパリ外国宣教会の司祭との再会後、いかにカトリックの教えを吸収していったのかということについてみてみよう。

大浦に司祭がいるということを聞きつけた潜伏

キリシタンたちは、浦上はいうにおよばず、近隣の長崎港外の島々、外海、五島、平戸地方からも船を漕《こ》いでやってきた。まずは浦上に一三〇〇世帯、上五島の若松町桐の浦のガスパル与作によって、その地に一〇〇〇人以上（五島列島全体で五万人あまり）、黒崎と出津を合わせると八〇〇〇人を数えるキリシタンが存在することがわかった。

その後、長崎港外、神の島のペトロ政吉によって、神の島に一五〇名ほどの信徒がおり、おなじく長崎港外の蔭ノ尾《かげのお》島、伊王《いおう》島、大山《おおやま》などにも多数存在することがわかった。一八六五年（慶応元）末には、長崎港外の高島や平戸から多数の総代が大浦天主堂を来訪し、高島は全村信者で六〇〇人程度、平戸の生月《いきつき》島は二〇〇〇戸全所帯、佐世保《させぼ》の黒島《くろしま》には一〇〇戸余りの潜伏キリシタンがいるということが判明した。

黒島はのちに全戸がカトリックに帰属したが、一九一二年（明治四五）生月島にカトリック山田教会が建てられた時、生月島全戸数二〇〇〇のうち、カトリックに転宗したのはわずか一六戸に過ぎなかった。端島炭坑島は世界遺産「明治日本の近代産業革命遺産」の構成要素の一つで、軍艦島の名で知られている。黒島天主堂も、生月島の前に浮かぶ殉教者で有名な中江《なかえ》ノ島も、「長崎と天草地方の潜伏キリシタン関連遺産」の構成要素の一つにあげられている。

天草には三人の水方とともに三〇〇〇人の信徒がいること、また佐賀県の玄界灘《げんかいなだ》に

旧大浦司祭館の最上階の屋根裏が「無原罪の御孕りの間」

面した馬渡《まだら》島にも、五〇〇から六〇〇〇人のキリシタンがいることが報告された。福岡県三井郡大刀《たち》洗《あらい》の今村にも一〇〇軒あまりのキリシタンがいた。

信徒発見後の再教育

大勢の者が昼間から大浦天主堂に押しかけてきては、禁教下では奉行所の役人の目についてしまう。プチジャンは各地の水方や帳方を毎晩のように司祭館に招き、正しい洗礼の行い方や教えの要点を指導した。その後、彼らを村に帰して、皆にその教えを伝えさせようとした。司祭館の使用人となった浦上のジョアン甚吉、ペトロ清十、五島のガスパル与作の三人が門番を務め、この活動が外部に漏れぬよう見張りをさせた。

またプチジャンは、年若く、特に信仰に熱心な者たちを、将来の神学生候補としてマレー半島のペナン神学校に送ろうとも考えていた。しかし、禁教下ではとても叶《かな》えられそうにもないので、とりあえず一八六五年一二月、大浦天主堂横の司祭館の屋根裏部屋に、秘密の神学校を開設し、「無原罪の御孕《おんやど》りの間」と名付けた。最初の神学生として、浦上のドミンゴ高木《たかぎ》仙《せん》右《え》衛門《もん》の二人の息子敬三郎と源太郎、五島のガスパル与作の三名が入学した。神学生たちの教育に当たったのは、プチジャン司教をはじめ、ローケーニュ、クザン、ポアリエなどのパリ外国宣教会の司祭たちであった。

一八六七年（慶応三）、浦上四番崩れが始まった。浦上潜伏キリシタンの間に起こった最後の迫害である。神学生たちは難を逃れるために、一〇名の神学生がペナンに、一三名の神学生が上海《シャンハイ》に行った。一八七二年（明治五）に神学生たちは横浜に引き揚げ、そこで勉学を続けた。

一八八二年（明治一五）にはプチジャン司教の手によって深堀達右衛門、高木源太郎、有安秀之進の三人がキリシタンの復活後最初の日本人司祭となった。

司祭たちはできるだけ役人たちを刺激しないように気を遣ったが、各地から子供連れで洗礼を求めてきたり、教えを乞《こ》うために来堂する者は後を絶たず、司祭が村を訪問してくれることを切望する声が高まっていった。大勢が大浦に押しかけるより、司祭の方が出かけていく方が安全なので、浦上はもちろん、遠くは五島や平戸までも、日本服に変装したりしながら、小舟で人目を忍んで渡った。

浦上の秘密教会のひとつ家野郷川上のサンタクララ堂跡

このような信仰の沸騰状況の中で、大浦天主堂のお膝元《ひざもと》であった浦上には、一八六五年から三年の間に、四か所の秘密教会が建てられた。もちろん屋根には十字架など付いておらず、一二から一五坪程度の民家風の藁《わら》ぶきの平屋で、中には祭壇が設けられていた。

こうしてプチジャンをはじめとするパリ外国宣教会の司祭たちによる、いわば日本人キリシタン短期集中再教育セミナーが開催されたのである。その教育成果は想像をはるかに超えるもので、なぜ信徒たちがこれほどまで急速に宣教師に心を寄せていったのか、その情熱がどこから湧いてきたのか、解明さるべき残された課題のひとつである。

浦上の自葬事件と四番崩れ

しかし、このような活動がいつまでも長崎奉行所の探索の目につかないわけにはいかなかった。また信徒の方も、真正なカトリックの教えに接するにいたっては、それまでのどっちつかずのあやふやな態度は容認できなくなっていく。江戸幕府の寺請制度によって、すべての日本人は必ずどこかの寺の檀家《だんか》となり、神社で行われる神事にも氏子として参加せねばならなかった。とりわけ葬儀は必ず檀那寺《だんなでら》の僧侶《そうりょ》の立会いのもとに仏式で営まねばならず、勝手にキリシタン式の葬式を自分たちだけで行うことは国禁に背く行為であった。

一八六七年四月、本原郷の茂吉が死んだ時、また翌日、平野宿の久蔵が死んだ時にも、檀那寺の聖徳寺に届けず、自葬（自分たちの手で葬式を行うこと）してしまった。その他にも一五人の自葬者の名前が長崎奉行所記録に残されている。庄屋《しょうや》の高谷官十郎は聖徳寺との縁切者の名簿を提出させた。

家野郷一〇〇戸以上、中野郷二〇〇戸、里郷・本原郷四〇〇戸の名簿が存在している。幕府の寺請制度に正面から背く行動であった。ついに一八六七年七月、浦上の四つの秘密教会は一斉に手入れを受け、六八人が捕えられ桜町牢（現在の長崎市役所別館水道局）に入れられた。こうして「浦上四番崩れ」は起こるべくして始まった。

高木仙右衛門の信仰宣言

「浦上四番崩れ」が勃発《ぼっぱつ》して半年後の一八六七年一〇月、幕府は大政を奉還した。翌年四月、明治政府は五榜《ごぼう》の掲示を発布し、その第三札には「切支丹邪宗門ノ儀ハ固ク御制禁タリ。モシ不審ナル者コレ有ラバ、其筋ノ役所へ申出ベク、御褒美下サルベキ事　太政官」とある。明治政府は引き続き、キリシタンを邪宗門とし、賞金を出して取り締まる方針を打ち出したのである。

浦上キリシタンの戸主一八〇名が長崎裁判所に召喚され、説諭を加えられたが改心せず、西日本の一〇万石以上の二〇藩に分かれて流罪処分となった。一八六八年六月、まず主立った者一一四名が、一八七〇年には残りの三千数百名が船で移送された。その数、浦上村一村合計三三九四名であった。これを浦上教徒流配事件という。

一八七三年（明治六）、明治政府はキリシタン禁教の高札を一般熟知のこととして取り外した。実質的にキリスト教は黙許されるようになったが、信教の自由が法的に認められるのは、一八八九年（明治二二）の大日本帝国憲法発布を待たねばならなかった。高札撤去により、各地に流配されていた浦上の信徒たちは長崎へ戻ってきた。流配中の死亡者六六二名、棄教者一〇二二名、脱走者一四名、残りの一九〇〇名は最後まで流配生活に耐えた者たちであった。

流配された者たちの代表ともいうべき高木仙右衛門と守山甚三郎《もりやまじんざぶろう》が表明した、立派すぎるくらい立派な真正なカトリックの信心は、潜伏キリシタンたちがそれまで伝承

津和野より帰崎したドミニコ高木仙右衛門

してきた信仰内容とは根本的に異なるものである。司祭による徹底した再教育なしには到底獲得できるものでないことは明白である。

浦上四番崩れの後、浦上教徒流配事件によって津和野に流罪に処せられた、浦上信徒の中でもっとも固く信仰を守り抜き、明治六年に許されて長崎に戻ってきたひとり、高木仙右衛門の口述筆記たる『仙右衛門覚書』から一節を抜粋してみる。

「(津和野牢内《ろうない》における改心を迫る説諭に対し)天主は万物もない時からあって、よろずのものは皆天主がおつくりになったので、まことの敬うべきあるじでござりまする。また神仏というのはわれわれと同じ人間ですから、これを拝むことはできません。このためにただ天主だけを信心いたしまする。たとえ殺されても神仏は拝みません」

「万物の御親天主に御奉公する道でござりまする故に、先祖よりも云ひ伝へられて、これを代々信

島根県津和野町乙女峠マリア堂

仰致しまする。……（中略）……終りなき天の楽しみを求るために、いかなる責めに逢ふても改心する事叶ひません」（高木慶子『高木仙右衛門に関する研究』思文閣、二〇一三年）

引用したこれらの短い二つの言葉をみただけでも、天地万物創造の唯一神信仰が高らかに宣言されており、フランス人宣教師たちによって再教育された成果が如実に示されていることがわかる。そこには唯一絶対なる天地万物の創造神観、死後の救済観が殉教の覚悟とともに鮮明に示されている。信徒発見以前の潜伏キリシタンたちにはみいだせないもので、質的に根本的に異なっている。

また、仙右衛門を取調べた役人が、日本には日本人のための宗教があるので、キリシタンではなく、これまで通り、おまえたちの檀那寺である浄土宗聖徳寺の世話になれといわれた時、仙右衛門は、「これまではうわべだけでやっていました。

けれども天主の御名代のパテル（司祭）より教えを説き聞かされると、それをすることはできません」（傍点引用者）とこたえている。

大浦天主堂で司祭と出会い、教えを受けたのちは、それまでのうわべだけの信仰はできなくなってしまったと告白している。うわべだけの信仰とは、宣教師と出会う前は、キリシタンの信仰がどのようなものかわかっておらず、今にして思えば、風習としての形ばかりの信仰であったことを振り返っているのである。

また、人間が神の代理となれるのかという尋問に対して、「パテルは六、七歳から学問をして、不犯《ふぼん》（一生独身を守り性的関係を持たぬこと）を守り、人に罪科のゆるしを与える力をうけたものでござる」と、司祭のことを誇らしげに語っている。

感恩と報恩

宣教師たちは日本の潜伏キリシタンと出会ってわずか二、三年にして、どのような錬金術を用いて彼らの心を根底より作り変えることができたのであろうか。宣教師たちは浦上の信徒を発見したとき、「迫害をも辞さない殉教者の子孫たちであり、信仰の証《あか》し人」と信じて疑わなかったことであろう。

いっぽう、信徒たちは、貧しく、邪宗徒として忌避され続けてきた自分たちに対して、宣教師たちがこれほどまでに温かい愛情を注ぎ、生涯を捧《ささ》げようとしている姿を目の当たりにした時、とっさに「ありがたい」と感じたにちがいない。

ありがたいと感じた日本人の心には、必ずといってよいほど、どのようにお礼をしたらよいかという思いが浮かんでくる。それは「感恩と報恩」、あるいは「御恩と奉公」、あるいは「義理と人情」といわれる、日本人の人倫の道の根本である。

信徒たちは、限りない恩義を感じた宣教師たちに報いるに、最もふさわしい振る舞いはなにかと考えたとき、それは宣教師たちが期待し、思い描いていたような、「殉教も恐れぬ信仰の勇者」のおこないを示すことであると考えたことであろう。

復活したキリシタンたちの篤《あつ》い信仰表明の言葉をつぶさに観察すると、先の高木仙右衛門の言葉にもあるように、「万物の創造主であるデウスにご奉公する」、「キリシタンでなければ救われない」、「霊魂の救いのためには殺されても改心しない」、「改心すれば地獄に落ちる」ということを繰り返し述べているのである。

不思議なことは、天主（父なる神デウス）という言葉は頻出するが、イエスという言葉はまったくみあたらない。キリスト教の教えの最も大切なポイントは、「神の愛」である。その愛は、神の子イエスが人類を救うために、人間の姿をとってこの世にあらわれたことと、十字架上におけるイエスの死による人類の罪からの救い、そして復活に示されている。このイエスの人類に対する無償の愛の行いの意味を理解することがキーポイントとなる。

結論的に述べれば、信徒発見後、きわめて短期間にもかかわらず、彼らの信仰は仙右衛門がいうように、「うわべだけ」のものから根本的に変化した。それ以前の日本の諸宗教と習合した、現世利益的な民俗信仰から、真正なキリスト教徒へと質的転換をとげたようにみえる。しかし、そこにはキリスト教徒と呼ばれるために不可欠な、イエスが示した神の愛に対する理解の欠如という問題が残っている。

もし、復活キリシタンたちの信仰が、十字架上のキリストに向かう愛でなかったとしたら、いったいそれは誰に向けられた愛だったのであろうか。それは虐げられてきた自分たちに対して、限りない無償の愛を注いでくれている、パリ外国宣教会の宣教師たちに向けられた愛だったのではなかろうか。それは彼らなりの精いっぱいの、宣教師たちから受けた御恩に対する報恩の行為であった。

また「殉教」という現象も大変微妙な問題を含んでいる。キリスト教における殉教とは、神であるキリストへの愛を、命をもって証することである。自分の名誉のためとか、家族を救うためとかではなく、神に対する愛のためでなければならず、信仰の最高の証しとみなされている。ゆえに殉教者が熱心なキリスト教徒であることは、一片の疑う余地もない明白な事実と考えられている。

しかし、殉教者は本当にキリスト教の信仰のために命を捧げたのか、確認してみることは意味がないことではなかろう。これまでその作業が行われなかったがために、正しい歴史認識とのずれが生じてきたのである。「潜伏キリシタンたちは命がけで信仰を守り通してきた」というフレーズで、問題になるのは、信仰を守り通したというときに、何に対する信仰を守り通したのかということである。

多くの人は、殉教者なのだからキリスト教に対する信仰以外にはありえないと、なんら疑問を抱くことなくそう思い込んでいるようだ。彼らが何かを命がけで守り通してきたことはまぎれもない事実である。しかし、彼らが守り通してきたのは、キリスト教に対する信仰ではなかった。これまで述べてきたように、彼らはキリスト教がいかなるものであるのか、ほとんど理解していなかったからである。ゼズス（イエス）とはだれなのかすら知らなかった。

人は何かよくわからないもののために命を捧げることはできない。彼らが命を捧げたのは、それが何かはよくわからなかったが、先祖が大切にしてきたものということだけははっきりとわかっていた。

浦上教徒流配事件では、配流された者三三九四名のうち、六六二名が殉教し、一八六八年（明治元）に五島の久賀島《ひさか》を中心に始まった五島崩れでは、二〇〇名余りが投獄され、四三名が殉教したといわれている。これら復活キリシタンの殉教者たちが、命を捧げたのはなんのためであったろうか。それは誰かも知らないキリストのためではなく、目の前で、命がけで自分たちのために献身してくれている、パリ外国宣教会の司祭たちへの恩義に報いるための行為であった。

ふたたび『仙右衛門覚書』からであるが、獄卒の、「改心せよ」という言葉に対して、「改心できませぬ」と答え、「私はこのとき、ただ御主《おんあるじ》（デウス）さま、日本のご開山フランセスコ（ザビエル）、マルチレス（殉教者）また大阪のエヒスコホ様（プチジャン司教）、また今の長崎のエビスコホ様（ローケーニュ補佐司教）方の御恩などが、身にしみ、それらの方々が目の前にあるように心に感じました」〈傍点引用者、（ ）内は引用者補注〉と口述している。

デウスのことも触れてはいるが、デウスは目で見ることも、手で触れることもできない抽象的な概念である。ザビエルや日本の殉教者たち、ことに直《じか》にふれあう機会があり、実際に教えを受けたパリ外国宣教会の司祭たちへの恩義がまず頭に浮かび、それに感謝し報いるための報恩行為として、何としても改心ならぬという返答になったのはまちがいない。

第七章

潜伏キリシタンからカクレキリシタンへ

前章では、信徒発見によって潜伏状態から表舞台へと姿を現した潜伏キリシタンたちが復活キリシタンとして、プチジャンをはじめとする、パリ外国宣教会の宣教師たちの指導の下に、短期間に集中的にキリスト教の正しい教えについて再教育を受け、真正なカトリック信徒として生まれ変わっていったさまについて述べた。

本章では、その一方で、一八七三年（明治六）、キリシタンの禁教令の高札が取り下げられたあとも、潜伏時代と同じように寺社との関係を旧来どおり保ちつつ、先祖伝来のキリシタンという名の神々（キリスト教の神ではない）も、なんの違和感もなく、現在にいたるまであわせ拝んでいる「カクレキリシタン」について扱うことにする。

そのような人たちが今でもいるのかと驚く人も少なくないかもしれないが、むしろそう思うほうがノーマルかもしれない。宗教の自由が憲法で一〇〇％保障された、この平成の日本で、今でも隠れてキリスト教の信仰を守っている人がいると本気で思っている人がいたとしたら、そのほうがアブノーマルである。「いまでも隠れてキリスト教の信仰を守り続けている」人などどこにもいない。

いっぽう、隠れてもいなければ、キリスト教徒でもなく、仏さまも、神道の神さまも、ご先祖さまも、カクレキリシタンの神さまも、ひとしくありがたい神さまとして拝んでいる、「カクレキリシタン」と呼ばれる人たちは確かに今でもいる。私は長崎県下のカクレキリシタン信仰が存続しているエリアをくり返し何度も訪ね、彼らの信仰世界を解き明かすべく、三〇年あまりにわたりフィールドワークを続けてきた。その信仰の中核にキリストやマリアなどのキリスト教的要素はなく、あるのは日本の民衆信仰に普遍的にみられるタタリ観と、先祖に対する篤《あつ》い信心である。

潜伏キリシタンとカクレキリシタン

ただでさえ混乱しているカクレキリシタンについて論ずる際、その言葉の用い方を明確にしておくことが大切なポイントであることは二二～二三頁においてすでに指摘した。一六一四（慶長一八）年に江戸幕府によって大禁教令が発布され、寺請制度によって、必ずどこかの寺の檀家《だんか》となることが義務付けられたキリシタンたちは、一六〇〇年代中頃より現代にいたるまで、一貫して「隠れキリシタン」という名前で呼ばれるのが通例となっている。

しかし、いまから三五〇年あまり前に、迫害によって潜伏時代に入った江戸初期と、平成の現在における信仰のあり方の間に、どれほど大きな差異があるのか、少し考えてみれば容易に想像がつくであろう。その差異を無視して、隠れキリシタンというひとつの名称で呼びならわしてきたことが、イメージと実態の間に大きな乖離《かいり》を生む原因となっている。

「潜伏していた信徒たちは、幕末まで秘《ひそ》かに信仰を守り通した」という説明は矛盾している。もし、彼らが仏教や神道は隠れ蓑《みの》であり、自分たちの本当の宗教はキリスト教であるとはっきりと自覚していたのであれば、明治六年にキリシタン禁令の高札が撤去された時、全員がカトリックに復帰したはずである。

現代の日本では信教の自由が保障され、キリスト教に対する弾圧などまったくないにもかかわらず、なぜ今なお長崎県下にカクレキリシタンが存在しているのか。その答えは、「隠れキリシタン」と呼ばれる、隠れてキリスト教を信仰している人はいないが、「カクレキリシタン」と呼ばれる、隠れてもいなければキリスト教徒でもない、日本の民俗宗教を大切に守り伝えている人たちがいるということである。

次に、カクレキリシタンについて説明するに先立ち、カクレに関して、もっとも質問されることの多かった問題を取り上げる。

なぜ今もカクレキリシタンはいるのか

くり返しになるが、カクレキリシタンはいまでも長崎県下にだけ、それも本当にわずかになってしまったが存在する。この事実を知った人たちは異口同音に、「この平和な日本で、なぜいまでも隠れてキリスト教を信仰しているのですか」という質問を発する。今でも隠れているという思い込みによる質問である。

このような誤解を与えている元凶は、「隠れキリシタン」という言葉自体にあるので、今後は使用しないようにすべきである。江戸時代の禁教期の信徒を「潜伏キリシタン」、明治以降の禁教令が解除された後の信徒を「カクレキリシタン」と二分すれば、キリシタン史の理解がかなりすっきりとしてくる。二一二頁の日本キリスト教略史年表を再確認してもらいたい。

筆者が聞き取り調査の際に、「あなた方カクレキリシタンは……」と尋ねたところ、「自分たちは何も悪いことはしておらず、逃げも隠れもしていない。そんな呼び方はやめてくれ」といわれたこともあった。もっともなことである。実態にぴったりとした名称に変えるのが望ましいのはいうまでもない。しかし、すでに市民権を得ている「カクレキリシタン」という呼び方をいまさら変更するのは思いのほか困難であり、さらなる混乱を引き起こすことにもなりかねない。

すべての地区に共通する名称を彼ら自身が用いていれば問題はないのだが、各地区で呼び方が異なっている。生月地方では「旧キリシタン」、「古キリシタン」など、平戸島の根獅子では「辻《つじ》の神様」、長崎・外海地方では「旧キリシタン」、「昔キリシタン」など、五島地方では「元帳《もとちょう》」、「古帳《ふるちょう》」といったぐあいである。

世間にその存在が広く知られるようになった今、総称する場合、どうしても統一した名称が必要となってくる。そこで外部の研究者たちは、「納戸神《なんどがみ》」、「離れキリシタン」、「隠れキリシタン」といった名前で呼ぶようになったが、もっとも広く用いられたのが、「隠れキリシタン」という名称であった。

いまでは当事者たちもその名前で呼ばれることにもすっかり慣れ、ほとんど抵抗なく平気でその名称を使っている。ただし、“KAKURE”という部分を文字で書き表す場合、漢字、平仮名、片仮名の三種類が可能だが、筆者は少しでも隠れているという印象を与えないために、音だけを示す片仮名で「カクレキリシタン」と表記することを提唱している。「かくれキリシタン」という表記も存在するが、平仮名と片仮名をつなげて一語とするのは異例な用法であり不適切である。

最近では、カクレキリシタンは海外でも非常に注目されており、とりわけ欧米のキリスト教圏の人々の関心の高さは特筆に値する。筆者が知る限り、イギリスのターンブル氏（Stephen Turnbull）、コンゴ民主共和国のムンシ氏（Munsi, Roger Vanzila）、スウェーデンのペラ氏（Kristian Pella）がカクレキリシタンで博士号を取っている。欧米の新聞社やテレビ局の取材も少なくない。

今でもカクレキリシタンがいることを知った人の次の質問は、「何人くらい信者が

生月島
組織解散後も個人で正月にカクレの神様を祀っている

いるのか」というものである。これがまた難問である。どのような人をカクレと呼んでいいのかという、はっきりとした線引きがないからである。

現在では組織が解散してしまったところがほとんどであるが、解散しても個人的にカクレの神様を祀《まつ》り続けている人は少なからずいる。祀るといっても、たいていは年に一回ないしは数回、お正月や、神様の命日などに、昔からの風習としてお供えをし、覚えている人は簡単なオラショを唱える程度である。

カクレの神様への信仰そのものが残っているというよりは、これまで、家の神様のひとつとして長年祀ってきたものであるから、慣習としてやめるわけにもいかず、続けているというのが実態である。そのことをのぞけば、ごくふつうの仏教徒と何ら変わるところはない。このような人たちを今でもカクレキリシタンの信仰を守り続けている人として信者数に加えるのは、形式上も実質上も適切ではない。

筆者は、カクレキリシタン信徒数に加えることができるのは、今でもカクレの信仰組織が残っている地区で、その組織の一員として認知されている人に限定するのが妥当と考えている。筆者が長崎県下でカクレキリシタンの調査を開始した昭和六〇年代の初めころには、この基準に当てはまるのは、県下一円で四〇〇〜五〇〇軒程度、人数にして一五〇〇〜二〇〇〇人程度であったが、現在では多く見積っても一二〇軒弱、厳密にいえば八〇軒程度である。

出臼（デウス）、肥料（フィイリョ）とはだれ？

カクレキリシタンには、名前にキリシタンという文字がついてはいるが、本質的にキリスト教と認められる要素はない。彼らはキリスト教とはなにかという、根本的なことからしてほとんど何も伝えられてこなかった。キリストやマリアについては、そういった神がいるということ以外、まったくといっていいほど何も聞かされていなかったのであるから、知らないのも当然である。

たしかに彼らが唱えているオラショの言葉の中に、イエスのことがゼズス、ジェジュス、ジゾーウス、あるいは御身様《おんみ》（イエス）がヲンメサマ、ヲミシロサマなどと訛《なま》って出てくる。サンタマリアは、マルヤ（丸や）やハンタマルヤ（丸屋）などという名前で出てくる。しかし、名前は唱えていても、それがどのような存在なのかはわかっていないのであるから、オラショを通してキリストやマリアに対する信仰が守り伝えられてきたとみることはできない。

二三〇年の潜伏時代を経て呪文化《じゅもん》してしまうのは自然のなりゆきである。潜伏時代にはオラショは暗記し、口伝で伝承されてきたが、伝えられたのは言葉の音だけで、言葉の意味はほとんどといってよいほど伝えられてこなかった。伝えようにも、宣教師が生き残っていたキリシタン時代の頃からして、民衆層はほとんどオラショの意味を理解できていなかったのである。

口伝で伝えられてきたオラショは、おそらく大正時代か昭和の初めころから備忘のために筆写されるようになったのではないかと思われる。耳で聞いたオラショの言葉を、そのまま片仮名や平仮名だけで書き写したものもある。それでは読んでもほとんど意味が理解できないので、筆写する際に、少しでも意味が通るよう、できるだけ漢字を当ててみようという努力がなされた。その当てられた漢字をみることによって、音だけで伝えられてきた祈りの言葉が、どのような意味を持つと想像しながら唱えられていたのか、その一端をうかがい知ることができて大変興味深い。

たとえば父なる神であるデウス（Deus）には「出臼」という漢字が当てられてい

る。神の子たるキリストを意味するフィイリョ（Filho）にはなんと「肥料」を。サンタマリアには「三太丸屋」、洗礼を意味するバウチズモ（Bautismo）には「場移り島」、聖体を意味するエウカリスチア（Eucharistia）には「八日の七夜」、霊魂を意味するアニマ（Anima）には「兄魔」や「有馬」を、十字架のクルス（Cruz）には「黒須」、「黒瀬」といった漢字を当てている（生月島山田地区の手書きオラショノートより）。

父なる神「デウス」のことをほんのすこしでも理解していたら、「出臼」という漢字を当てることは絶対にしなかったであろうし、ましてやキリストを意味する「フィイリョ」に「肥料」はありえない。オラショの言葉を耳で聞く限り、四五〇年前に宣教師たちが教えたものと、さほど大きく変わってはおらず、何の祈りであるかは、原典を知っている現代のわれわれにはほぼ推察できるものが多い。

カクレキリシタンの人々がオラショを唱えるのを聞くと、キリシタン信仰が今日まで伝えられてきた、まぎれもない証拠として感銘を受ける。しかし、それが真の信仰伝承の証明となるには、オラショの言葉を正しく理解して唱えていたことが明らかにされねばならない。現代のひろい知識を持ったわれわれに理解できるからといって、彼らもおなじように理解できていたものとつい思い込んでしまいがちである。過去のものを現代の尺度ではかろうとしていないか、細心の注意が求められる。

日本にやってきた外国人が着物を着て、スシが大好きという外面的なことだけで、内面まですっかり日本人らしくなったとみなすことはできないのと同様、十字架を首から下げ、オラショを唱え、十字の印を切っているからといって、それだけで敬虔《けいけん》なクリスチャンとみなすのは早計といわざるをえない。

何を拝んでいるのか

まわりくどい表現ではあるが、誤解を避けるために、正確にいうならば、カクレキリシタンたちはキリストやマリアを拝んではいるのだが、それがだれなのかまったくわからないままに拝んでいるのであるから、ほんとうにキリストやマリアを拝んでいることにはならない。それではいったい、どのようなものを拝んでいるのであろうか。

キリスト教における神とは、教義的には、「父と子と聖霊」の三位《さんみ》一体の、唯一絶対なる存在である。一方、マリアは普通の人間であり、崇敬の対象ではあっても、崇拝の対象にはなりえない。しかし、実際にはマリアはカトリックの世界では、母なる神・女神として限りなく神にちかい位置にまで高められている。

長崎県下のカクレキリシタン集団のうち、長崎市内、長崎市近郊の外海地方、外海から移住した五島地方の信徒たちの信仰対象の中心は、「マリヤ観音」と呼ばれるものである。マリヤ観音は潜伏時代に入って、キリシタンが仏教を強制されたとき、発

上五島若松町のカクレキリシタンが祀っていた陶磁器製のマリヤ観音二体　個人蔵

見されてもキリシタンと発覚しないように、純粋な仏教の観音像をマリアに見立てて拝んできたものである。

しかし、信徒たちはマリヤ観音を拝むとき、これはあくまでもマリアの代わりであって、仏教の観音様ではないとしっかり認識していたわけではない。潜伏していたキリシタンたちが、もし真正なキリスト教徒であったとしたら、マリヤ観音の前に、何はさておき、まずは本来の神である「キリスト観音」とか、「デウス観音」を祀るのが筋であろう。

キリシタンとなった日本の民衆は、最初からデウスやキリストよりも、マリアの方をいっそう親《ちか》しい神と感じていたのかもしれない。もしそうであるならば、キリスト教ではなくマリヤ教とよぶほうがふさわしいかもしれない。

小説家の遠藤周作は、「かくれ切支丹」たちは、毎年のように踏絵を踏み続け、神を否定した転び者（背教者）の子孫であり、デウスやキリストのような、男性の厳しい裁きの神には近づくことはできず、優しい許しの神である母なるマリアの身代わりとして、マリヤ観音を拝んだのではないかと述べている（遠藤周作『母なるもの』新潮社、一九七一年）。

しかし、この解釈は少し理知的に過ぎるような気がしないではない。そのような複雑な心理的葛藤《かっとう》の末にマリアにたどり着いたのではなく、遠藤のようなインテリではない民衆は、罪や罰や裁きといったことよりももっと単純に、優しい母のイメージを求めて、マリヤという名の観音様により親近感を抱いただけなのではなかろうか。

長崎・外海・五島地区のカクレキリシタンの信仰対象の中心がマリヤ観音であるのに対し、平戸や生月島のそれは「御前様《ごぜんさま》」である。御前様は俗に「納戸神《なんどがみ》」とも呼ばれてきたが、中国地方を中心とした西日本で広くみられる、納戸にまつられた家の神をさす民俗学の一般用語である。

地元で御前様といえば、ふつうは掛軸に仕立てられた人物像を指している。キリスト教の知識が少しあれば、これはキリストだとか、マリアを描いたものであろうとか、直ちに推測できようが、彼ら自身は先祖からなにも伝えられていないので、誰なのかはまったくわからないという。

具体的に目にみえる信仰対象として拝まれているのは次頁の写真のような素朴な人

生月島　山田の御前様　左は救世主像
右は船（三日月）に乗る
無原罪の聖母と聖母子像の
モチーフが重なったもの

物像であるが、マリヤ観音にせよ御前様にせよ、どのような人物なのか知らないのであるから、彼らが心から信じているものは別にあるのではないかと考えられる。

別のものとはなにか、それは先祖である。これらの信仰対象は先祖が命がけで今日まで伝えてきたものである。彼らにとって大切なのは、それがなにかではなく、誰が大切なものとして伝えてきたかということである。現代のカクレキリシタン信仰の根幹も、日本のさまざまな宗教の根底に普遍的にみられる先祖への思いである。

なぜ教会に戻らないのか

「カクレの人たちはなぜ教会に戻らないのか」という問いに対する答えは、きわめて単純なことである。彼らは隠れてもいなければキリシタンでもないからである。クリスチャンでもない人に、「なぜ教会に戻らないのですか」と問いかけるのはいかにも陳腐なことである。

彼らは潜伏時代以来こんにちまで、ごく当たり前の仏教徒として、また神道の氏子として、その務めを果たしてきた。それに加えて、個人の家に、あるいは仲間内に代々伝わるカクレキリシタンの神もあわせて大切に守ってきたのである。もちろん、仏教や神道はキリシタンであることを隠すためのカムフラージュなどではなく、それら三つの要素が完全に一つとなり、三位一体のようなかたちをとって、これまで続いてきたのである。

カクレキリシタンの信仰形態は、今の時代にはあまりにも煩雑すぎ、手間がかかり、継続していくには大きな犠牲を払わざるをえなかった。地縁、血縁関係が希薄化し、個人主義的な生活が中心となるにつれて、カクレの組織をこれまで通り維持し続けていくことはきわめて困難となっている。とくにここ一〇年余り、組織解散はブームのように急速に進行し、長崎県下のほとんどの組織はすでに解散してしまったか、実質的に解散状態に追い込まれてしまっている。

現代日本社会において、カクレキリシタンはその使命をはたし終え、日本人のもっともポピュラーな宗教形態である神仏信仰、そしてその紐帯《ちゅうたい》となっている祖先崇拝へと帰っていくのが自然な流れといえよう。むしろ二一世紀の現在まで続いてきたこと

生月壱部 種子（しゅうじ）ツモト川崎家
四祭壇が並ぶ 左からお大師棚、
仏壇、カクレ祭壇、神棚

が奇跡といってもよい。

なぜこれほど長く続くことができたのか。その理由のひとつには、「先祖が大切にしてきたものを、絶やすことなく守り続けるのが子孫としての大切な務めであり、自分の代で絶やしてはならない」という強い信念がさまざまな困難を乗り越える原動力であったことがあげられる。先祖の中には殉教者もおり、その殉教した先祖が信仰の対象となり、身近な自分たちの神様として彼らの心の中で生き続けてきたのである。

代表的な例として、長崎県の北部、平戸島と生月島の中間に浮かぶ中江ノ島で殉教したサンジュワン様がある。一六二二年（元和八）と一六二四年（寛永元）に殉教した三名のジュワンという洗礼名を持つ先祖にちなんで、「お中江様」「御三体サンジュワン様」「お向いサンジュワン様」などと親しみをこめて呼ばれている。この聖地中江ノ島から採られる水は「サンジュワン様のお水」とよばれ、聖水として大切に扱われている。そのお水はケガレを清める霊力を有すると信じられ、洗礼や葬式や祓《はら》いの行事の時などに用いられてきた。詳しくは次章でふれる。

もうひとつは、禁教令が出されたあと、キリシタンの神様は決して他人に見せてはならないという厳しいタブーが課され、納戸のような薄暗く奥まった部屋に隠すように祀られてきたことがあげられる。はじめはキリシタンであることが発覚しないよう隠していたのであろうが、年月が経つうちにキリシタンであることを隠すという観念はしだいに薄れ、この神様は人に見られたら効き目がなくなる神様であるとか、人に見られるのを嫌う神様だと考えられるようにもなった。

調査をしていて、ご神体を見せていただきたいと相談すると、いままで家族や仲間にも見せたことがないといって断られたこともあった。平成のこの世の中で、もう隠す必要もないのではといっても、それが先祖代々この宗教を守ってきたやり方なので、今更かえるわけにはいかないという。誰にも見せないというところにこの宗教のひとつの魅力があり、そのことがかえって秘かに守り続けねばならないという強いモチベーションになっているのかもしれない。

神道でも神社で祀っているご神体は決して披見《ひけん》してはならないとされている。開けて見たりすれば目がつぶれるといわれてきた。神様の本体は何かということは、秘密のベールに閉ざされていたほうがかえってありがたみがある。秘仏も一〇年に一度御開帳されるからありがたいのであって、見たいときにいつでも見ることができるのであれば、そのありがたみも半減してしまう。すべてが白日の下にさらされてしまえば、浦島太郎《うらしまたろう》の玉手箱のように煙とともに神秘の世界も消え去ってしまう。

いま述べた二つの理由よりも、カクレが今日まで続いてきた大きな理由はほかにあるかもしれない。それはもし神様を捨てれば神様のばち（罰）があたるのではないかというおそれである。彼らにとって隠された神秘的なカクレの神は本当に生きていて、その神に対する扱いによって幸不幸が左右されるという素朴なタタリ信仰が深く根付いているからである。そのようなカクレの神のタタリを引き起こす最大の理由は、神を棄てる、すなわちカクレキリシタンをやめることである。組織解散によってもたらされるタタリへの恐れが、今日までカクレが続いてきた主たる要因ではないかと考えている（宮崎賢太郎『カクレキリシタンの実像―日本人のキリスト教理解と受容―』吉川弘文館、二〇一四年）。

第八章

カクレキリシタンの神とは

長崎県下のカクレキリシタン信仰が残っているところで、純粋にキリシタンの神様だけを拝んでいる人はだれもいない。家には仏壇や神棚があり、朝には仏壇のご先祖様の位牌《いはい》にお茶やご飯をお供えして手を合わせ、その他にも、家にカクレの神さまを祀《まつ》っているところは、仏壇と同じようにお茶やご飯をお供えし、なかには短いオラショをあげる人もいる。むろん仏教や神道は隠れ蓑《みの》ではない。

カクレは時と場合に応じて、仏様と神様とカクレの神さまを使い分けているが、その根底には祖先崇拝がある。本章では、カクレキリシタンの人たちがキリスト教の神を拝んでいるのではないとしたら、いったい何を神として拝んでいるのか。彼らにとっての真の神とは何かをあきらかにしていくことによって、日本の民衆におけるキリスト教受容の姿を分析してみたい。

キリシタンが守り通したものとは

前章で、カクレキリシタンが拝み、信仰してきたのは、じつはキリストやマリアではなかったということを知った。民衆は宣教師がまだ日本にいた初期のキリシタン時代ですら、その教えに接する機会はほとんどなかった。ただキリシタンという名前だけがおぼろげに記憶に残っていただけで、それ以上のくわしいことはなにも知らなかった。

彼らが大切に守り通したのは、キリシタンという名の真正なキリスト教信仰だったのではなく、いかなるものかよくわからないが、先祖が大切に守り伝えてきたものだった。それはキリシタンと呼ばれてきたが、キリスト教とは異なる、また日本の伝統的な神仏信仰ともどこか異なる、ありがたい異宗だったのだ。

キリスト教は教義上では一神教である。一方、カクレキリシタンは神仏信仰、様々な民俗信仰、先祖崇拝なども、なんの違和感もなく一緒にあわせ拝む多神教（重層信仰）である。カクレの人々が檀《だん》家《か》総代や氏子総代を務めているのは珍しいことではない。またカクレキリシタンでない人々も、カクレの人がそのような役職を持つことを何の違和感もなく、あたりまえのこととして受けとめている。

洗礼を受けた民衆キリシタンたちは、仏教や神道を否定し、一神教たるキリスト教の教えを理解し、信じていたわけではなかった。伝統的な神仏信仰に加え、キリシタンというさらにご利益のありそうな、南蛮渡来の神様もあわせ拝んだというのが実態であった。そのような先祖の信仰を忠実に守り伝えてきた現代のカクレキリシタンが、一部の例外を除き、キリスト教とまったく接点を持たないのはごく自然なことである。

ここで、現在も長崎県の外海町黒崎（現在長崎市に編入）のカクレキリシタン組織の最高指導者である帳方《ちようかた》を務めている村上茂則氏を紹介したい。氏は父であった村上茂氏が平成一七年に八六歳で他界したため、その後を受け継いで帳方となった。

村上茂氏の叔父《おじ》で、平成四年に九九歳で亡くなった村上近七氏から帳方を引き継いだ村上茂氏は、呪文《じゆもん》化したオラショの言葉がまったく理解できなかった。そこで、黒崎カトリック教会の司祭の指導を受け、オラショの言葉を意味がわかるように、キリシタン時代の祈りの言葉を用いて、カトリック風に変えてしまった。熱心にカトリックの歴史を勉強した村上茂氏は、先祖の信仰がカトリックに由来するものであったことを確信し、カクレの洗礼は受けていたが、亡くなる直前カトリックの洗礼を受けた。

オラショの源流は確かにカトリックの祈禱《きとう》文にあるが、三七〇年余の紆余《うよ》曲折の時を経て、意味がわからなくなっても、先祖伝来のものとして大切に今日まで伝えられてきたものがカクレのオラショである。意味がわかるように元のオラショの言葉に戻したのでは、伝統的なカクレキリシタンではなくカトリックになってしまう。

現在の黒崎のカクレの葬儀は、茂氏の代より、カトリック教会から出版されている現行の「葬儀ミサ」の儀式書をモデルにしながら、キリシタン時代の祈りの言葉と、カクレ独特の葬式のスタイルを交えて、新たに仕立て直されたものである。キリシタン時代のオラショと、現代のカトリック教会の祈りの言葉が交錯した独特な雰囲気を持つ。具体的にはムンシ ロジェ ヴァンジラ『カトリックへ復帰した外海・黒崎かくれキリシタンの指導者 村上茂の伝記』（聖母の騎士社、二〇一二年）に詳しい。

こうして先代の帳方村上茂氏の代になって急速にカトリックに接近し、現帳方村上茂則氏の代になって、さらにカトリック化が進行している。もはや伝統的な黒崎のカクレキリシタンは消滅し、カトリックと折衷した、いわば「ネオカクレキリシタン」とでも呼ぶのがふさわしい、カクレの新時代の幕が開けられたかのようである。

しかし、黒崎のカクレキリシタン信仰の本質まであきらかに転換したのかというと、意外にもそうではなかった。オラショの言葉のような表面的なものは確かにそういえるが、信仰の基層的な本質部分はほとんど変化していなかった。長いカクレキリシタンの伝統がたやすく方向転換できないのは、考えてみればあたりまえのことである。

村上茂則氏がふともらした、「祈りはカトリックの祈りを唱えているが、やっていることは仏教のことです」という言葉をきいたとき、一瞬わが耳をうたがった。村上氏のいう仏教とは先祖崇拝のことで、仏壇に手を合わせるのはホトケ様、つまり先祖に対してである。これほどまでにオラショ、行事のやり方もカトリックに近いものに戻して行なっている以上、その宗教意識もカトリックないしは、カトリックとカクレの折衷したものに近いのではとみていたが、実はそうではなかったのである。

潜伏時代から今日にいたるまで、カトリックからカクレキリシタン化してしまっていた彼らの信仰が、ようやくふたたびもとのカトリックに里帰りしたのではなく、「キリシタン」を隠れ蓑として、仏教というスタイルを用い、先祖に対する篤い信仰を守り通してきた」というのがその信仰の実態だったのである。

カクレキリシタンと先祖崇拝

オラショの中に、例えばキリステ（キリスト）、ジゾース（デウス）、サンタマリヤ（聖マリア）、スベリトサントー（スピリト・サント 聖霊）、アボーストロ（アポストロ使徒）、サンジワン（聖ヨハネ）、サンパブロー（聖パウロ）などの名前が出てくるが、むろん彼らはどのような神なのか知らないので、ただ呪文のように唱えている。

オラショをみると、神の名ではありえないものが、神の名であろうと誤解されて唱えられているものが散見される。たとえば、「天国」を意味する、ラテン語の「パライゾ（paraiso）」という言葉が意味不明となり、「パライゾウ様」という神様として唱えられている。「教会」を意味するラテン語の「エクレシア（ecclesia）」が「エケレンジャ様」、「秘跡」を意味するポルトガル語の「サカラメント（sacramento）」が「サガラメント様」といった具合である。オラショの中でしか出てこないのであるから、彼らにとって、本当に生きた神とはなりえていない。そのような名前の神様がいるということだけしか、先祖から伝えられてこなかったのである。

日本の民衆は先祖代々お世話になってきた、仏様、お大師様、観音様、お不動様、

殉教者ダンジク様を祀る祠
旗には「奉納　丹竹大明神」とある
海上安全祈願を行う

お地蔵様、お稲荷《いなり》様、神社に祀られている多様な神様、井戸の水神様、台所の竈神《かまどがみ》（荒神様《こうじんさま》）、村境の道祖神、由来もよくわからない祠《ほこら》に祀られた素朴な民俗神など、さまざまな神仏をあわせ拝んでいる。カクレキリシタンたちも彼らと異なるところは何もない。違うところといえば、カクレという神様がひとつ多いということだけである。

日本人の宗教の根底には、普遍的に先祖崇拝がみられるといってよい。カクレキリシタン研究で有名な古野清人も、その著書『隠れキリシタン』のなかで、カクレの信仰の本質は先祖崇拝にあるといっている。自分が生まれ育ったその地で殉教した先祖の霊を神として、手厚く祀るというのはきわめて自然なことである（古野清人『隠れキリシタン』至文堂、一九六六）。

ことに生月島や平戸島内には、殉教したという伝説の先祖を祀っている祠がたくさん残っている。

中江ノ島でオラショをあげながら聖水を採取する

サンパブロー様、ガスパル様、ダンジク様、アントー様、オロクニン様、ケゴエスピリン様などといった名前が付けられ、それぞれの地区の関係者によって現在も祀られている。

最も重要なのは、平戸島と生月島の中間に位置する中江《なかえ》ノ島《しま》である。地元の人たちの間では聖地としてとして、両地のカクレの人たちの篤《あつ》い崇敬を集めてきた。三名の殉教したジュワンという洗礼名にちなみ、この島は、お中江サンジュワン様とか、サンジュワン様の島と呼ばれ島民に親しまれている。

この島の岩の裂け目から採集された水は、ケガレを清める力を持つ聖水として、それ自体神聖な力を有するご神体として取り扱われている。その聖水は「サンジュワン様の御水《おみず》」と呼ばれ、カトリックや仏教の人が行っても御水は絶対に出ないが、カクレキリシタンの人が行ってオラショをあげれば、どんな日照りが続いた時でも必ず御水は出てくると固く信じられている。この御水は何十年たっても決して腐ることがないという。洗礼や葬式や祓《はら》い清めの行事に用いられている。

外海では伝説上の伝道士バスチャンが信仰の中心で、五島のカクレキリシタンも、十八世紀末に外海から移住していった人々の子孫なので、おなじくバスチャンが大切にされてきたといわれてきた。バスチャンについては、本書第五章で述べたように、史料的な根拠に乏しく、その歴史性については、さらに検証が必要である。

「お魂入れ」と「お魂抜き」

生月島のカクレキリシタンの人々が、本当に生きた自分たちの神様として感じているのは、「お魂《たましい》の入ったもの」である。日本では「魂《たましい》入《い》れ」、「魂《たましい》抜《ぬ》き」といわれる儀礼は、いまでも思いのほかいろいろと日常的に行われている。ダルマさんはまず左目を入れて開眼し、願が成就すると右目も入れる。新調した仏壇、神棚、神仏像、位牌、墓石、新船などへの魂入れもごく普通に行われている。一度お魂が入れられたものは、古くなり使えなくなっても、「お魂抜き」を行なうまでは決して粗末に扱ってはならないとされている。

生月島堺目御堂でオマブリに聖水を打ち、お魂を入れる鳥山オヤジ様

「生きているのは魂の入った状態であり、死とは魂の抜け出た状態」という考え方は、日本人の宗教観を理解するための大きなカギの一つではなかろうか。「魂消《たまげ》る」という言葉は、死ぬほど驚くという意味である。魂が消えれば死んでしまうわけである。ヤクザ映画の中で、殺すぞという意味で、「魂《たま》とったるで」という表現が使われていたが、人を殺すことは魂を抜きとることである。

使えなくなってしまった数珠《じゆず》、折れた針、使い古した茶筅《ちやせん》などに対して行われる数珠供養、針供養、茶筅供養などは、精魂こめてたいせつに使った物には魂が宿っており、最後は魂を抜き、静かにお休みいただくという感謝の気持ちの表現である。反対に魂の入ったものを粗末に扱えば、タタリが生ずると考える。なんと細やかな優しい日本人の霊魂観であろうか。

神道では、神は目にみえない存在とされている

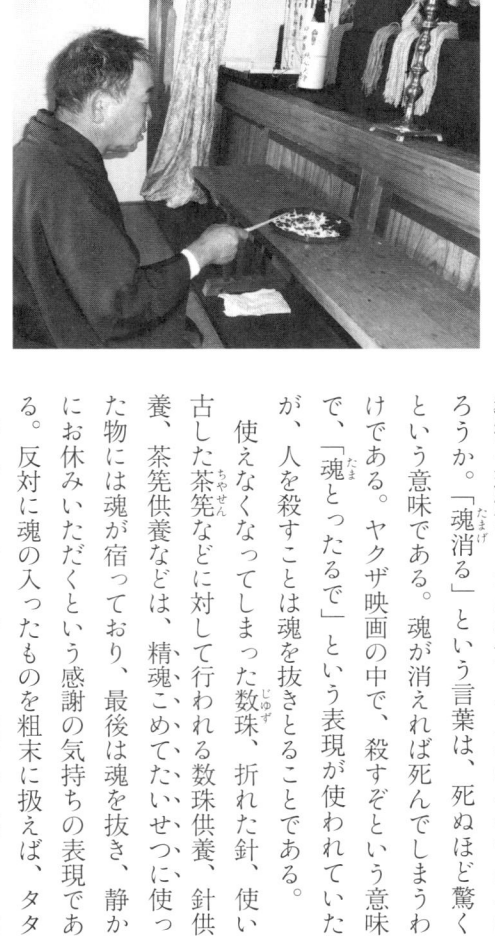

生月島の正面に浮かぶ殉教者の島
中江ノ島（手前）　奥は平戸島

が、依代《よりしろ》と呼ばれる巨石や巨木や鏡や玉など、さまざまなものに宿ることによって、「ご神体」として人々にその姿を目にみえる形で現す。巨石や奇岩にお魂が宿ると、その石はもはやただの石ではなく、不思議な力を持つ、お魂が入った生きたご神体となるのである。

生月島の生きたカクレの神々

生月島で、彼らが生きた実在するご神体と感じているのは、中江ノ島の岩の割れ目からしみ出してきた御水（聖水）を、イズッポと呼ばれる小枝で振りかけ、お魂が入れられたものである。むろん何にでも振りかければよいというものではなく、さだめられたものがある。

①御前様《ごぜんさま》

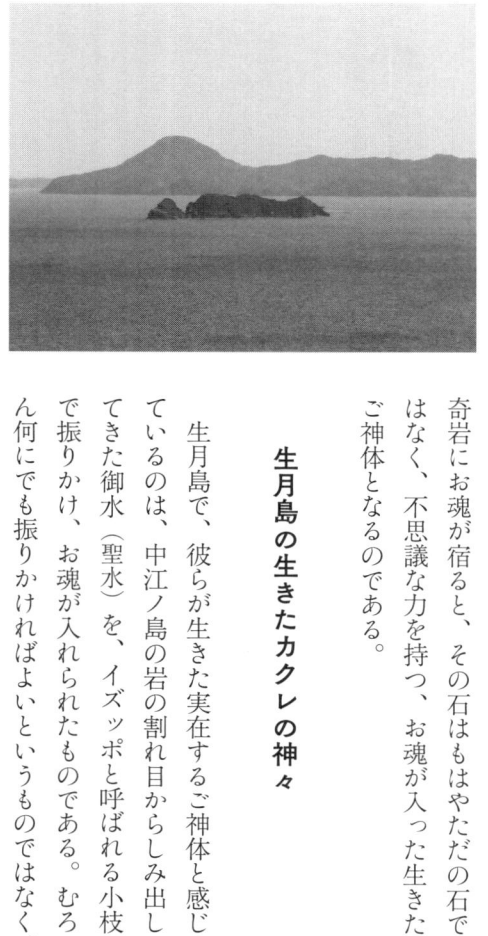

生月島　御前様　掛軸に仕立てられた
三日月に乗りイエスを抱くマリヤ図
個人蔵

②サンジュワン様
③オテンペシャ
④オマブリ
⑤お札《ふだ》様

の五種である。

これら五つは抽象的な概念ではなく、すべて具体的な、目にみえ、手で触れることのできる物である。長年行事で使ってきたものが傷み、新しく作り直されると、必ずお魂入れが行われる。単なる信心用具に過ぎないようであるが、彼らには決して「物」や「道具」とはみなされておらず、魂が入れられたならば、生きた霊が宿るありがたい御神体として扱われるのである。

①「御前様」は掛軸に仕立てられ、御水を打ってお魂が入れられる。掛軸の絵のモチーフは、聖

左：聖水を入れた御水瓶　右：オテンペシャ
個人蔵

母子像、救世主像、聖人像、受胎告知の場面などを描いたものが多い。むろん彼らはその絵に描かれた人物が誰なのか、どのような場面なのかなどまったく知らない。わかっているのは、先祖が大切にしてきたということだけで、自分たちも大切に拝み続けるのが子孫としてのつとめという素朴な信仰である。御前様と呼ばれるお掛絵は、五種のご神体の中でももっとも重要なものとしてとりあつかわれ、主宰神的存在である。

②「サンジュワン様」は、聖地中江ノ島から採ってきた御水で、清めの力を持つ聖なる水として極めて大切に扱われている。この聖水は「お授け（洗礼）」の際の水として、また死者の清め、家の中や野山の悪霊を祓う聖なる水として極めて大切に扱われている。また御前様やオマブリなどを新しく作ったときに、この聖水を振りかけてお魂を入れるのである。

紙の十字架オマブリで悪霊を封じ込める

③「オテンペシャ」とは、麻縄で作られた四六本の紐《ひも》を束ねたものである。カトリック教会で用いられた、罪の償いのために自分の体をむち打つ、苦行の鞭《むち》（ディシピリナ）である。本来の使用目的はすっかり忘れられ、いつの頃からか、神主が用いる御幣《ごへい》のように、ケガレや悪霊を祓うために用いられている。

④「オマブリ」は、半紙をハサミで縦横三、四センチ四方ほどの十字の形に切り、聖水を打ってお魂を入れたものである。生月・平戸地方のカクレに独特のもので、外海や五島地方にはない。生月では正月の「家祓い」の行事の時、信者の家にお守りとして家族の人数分だけ配る。玄関や床柱に貼って家の中への悪霊侵入を防いだり、村の中の昔から悪霊が棲《す》みついているといい伝えられてきた岩の割れ目にオマブリを差し込み、悪霊が出てこられないようにする。

おみくじとして引いたお札様による運勢占い

葬式の時には死者に悪霊が取りつかぬよう、耳に入れたり、着物の衿《えり》にお土産として持たせたりする。面白いのは、今でもオマブリを飲む人もおり、牛などの家畜にも飲ませたりする。オマブリを飲んで体内に十字の持つ霊力が入ってくると、外部から悪霊が侵入できなくなり、無病息災がもたらされると考えるのである。

⑤「お札様」も、生月と平戸にのみ伝わるもので、カトリックの「ロザリオの十五玄義」に由来している。お札様は、キリストとマリアの生涯の主な一五の場面の意味を短く小木片に墨書したものである。「御喜び様」五枚、「御悲しみ様」五枚、「グルリヤ（栄光）様」五枚の計一五枚に、ごあん様・おふくろ様・大将様・朝御前様などと呼ばれる「親札」が一枚加えられ、一六枚一組となっている。お札様は典型的なカトリックの信心用具であるが、本来の使用目的がわからなくなり、三

浦上家野町の潜伏キリシタンに伝わっていたみ仏様（マリヤ観音）

種類の記号と、一から五までの数字が札に書かれているところから、いつの頃からか運勢を占う「おみくじ」として使用されるようになった。表面的にはカトリック的な姿を残しながらも、本質的にはきわめて日本的な民俗宗教らしい素朴なものに変容しており、カクレキリシタン信仰の実態を如実に示す好例となっている。

外海・五島地方のカクレの神様

外海や五島地方のカクレキリシタンのあいだには、生月や平戸のように掛軸に仕立てた御前様も、その他のお魂が入れられたご神体もなく、そもそもお魂入れの儀式自体がみられない。「マリヤ観音」と呼ばれる、石や陶磁器や金属製の仏教の子安観音や慈母観音が信仰の中心で、生月・平戸に比べるとずいぶんとシンプルである。

万一発覚してもキリシタンではないと申し開きができるように、本物の仏教の観音様を、マリアに見立てて拝んできたといわれているが、マリヤ観音とは呼ばれても、必ずしも観音像だけに限られたものではなく、聖徳太子《しょうとくたいし》像、法師像、人形像、民衆の間で祀られている由来不明な像など、雑多なものが拝まれている。観音像を入手することが難しければ、それらしき手近な人物像であれば、なんでもかまわなかったのである。

そのほかにも、一六世紀末前後に、ヨーロッパから船載された金属製の小さな十字架・メダイ・ロザリオ・聖画、そのほかアワビの貝殻、銅銭などが「宝物様《ほうもつさま》」とよばれ、信仰の対象とされてきた。「日繰帳（教会暦）」、オラショ本、『天地始之事』の写本なども先祖伝来のものとして大切にされてきたが、これらは信仰対象（御神体）というわけではない。

先述したように、彼らはキリストやマリアがどのような存在なのか知らなかったのであるから、「心の中でキリストやマリアを信じ、キリシタンであることが発覚しないよう、カムフラージュとして観音像を拝んでいた」というようなことはない。先祖代々伝えられてきたマリヤ観音と、あたりまえの仏教の観音様とどこがどう違うのかといったようなことはわかっていなかった。ただ先祖が大切にしてきたものなので、子孫として大切に祀り、守り続けてきたのである。

潜伏時代にはマリヤ観音という呼び名はなかった。「納戸神」や「隠れキリシタン」などという言葉と同様、大正末期から昭和にかけて、カクレキリシタン研究の進展にともない、外部の学者によってつけられた呼び名である。

第九章

復活キリシタン教会とその信仰

異文化を理解し、受容するというようなことがいかに困難な作業であるか、それも思想、概念、宗教といった抽象的な場合には言語の障壁もあり、さらに困難さを増し、受容する側の基層文化との融合なしには土着化は困難である。

本章では、「信徒発見」以降、潜伏キリシタンから再生した復活キリシタンの子孫にあたるカトリック教会の信仰のありようを、筆者が調査をした具体例を紹介しながらみていくことにする。そこには土着信仰とカトリック信仰の融合したひとつの姿が示されているが、日本人のキリスト教理解と、受容の問題にまつわるさまざまな課題が集約されているように思われる。

旧信者と新信者

一八七三年(明治六)、キリシタン禁制の高札が取り下げられ、実質上信仰の自由が認められるようになるが、潜伏キリシタンたちは、その後、ふたつの道に分かれて進むことになる。ひとつは、潜伏時代と変わることなく、従来の神仏信仰とのつながりも保持しつつ、今日までその信仰の形を伝承してきたカクレキリシタンである。もうひとつは、再渡来したパリ外国宣教会の司祭たちとの再会によって、カトリック教会に帰属するようになった、いわゆる復活キリシタンである。

現在の日本のカトリック教会の構成メンバーは、以下の二つのグループに大別できよう。

①先祖が潜伏キリシタンであり、復活キリシタンの血につながる、幼児洗礼によって信者となった者

②明治以降、主として都市部に居住する、比較的高学歴のインテリ層を中心とする、自からの意思によって受洗し、信者となった者

俗に、前者を旧信者《きゅうしんじゃ》、後者を新信者《しんしんじゃ》と呼ぶが、この言葉は、先祖代々キリシタンだった人たちの子孫、すなわち旧信者が、ある種の優越感を持って、新しく受洗した新信者の人たちを、新参者とみなす時によく用いられる。

長崎のような旧信者が大多数を占める地域から、都市部の新信者が多い教会に転入してきた旧信者に対し、新信者が示す反応には二様ある。ひとつは、旧信者の熱心な信仰態度に対する、素直な驚嘆の反応である。もうひとつは、旧信者の日曜日は無論のこと、平日の朝ミサへの参加、家庭での朝夕の祈りや食前食後の祈り、聖体拝領の一時間前からの飲食の禁止、ミサを理由なく休むと大罪とされ、告解をして罪が許されるまでは聖体拝領をしないといった、ひと昔まえのきびしいカトリックの伝統をか

たくなに守り続けている敬虔《けいけん》な態度は、今の時代にとは思いつつも、新信者にとっては、ある種の羨望《せんぼう》の対象となる。

旧信者の方も、「私たちは子供の時から信仰を打ち込まれてきたので、何があっても、たとえ一定期間教会から離れても、決して信仰の根は枯れることがない」と、その信仰の根強さを自負したりもする。その言葉の裏には、新信者の人たちの信仰は根が浅いので、一時的に信仰の花がぱっと咲いても、何かあればすぐに枯れてしまいがちだという、優越感がみえ隠れする。

もう一つの新信者の反応は、旧信者の信仰は熱心そうにみえても、それは子供の頃からの習慣にすぎず、信仰に根差したものではなく、信者の義務として務めを果たしているに過ぎないという批判を込めたものである。

筆者は長崎のカトリック大学で三五年間教員として勤務したが、ときおり旧信者に属するカトリック学生たちと話をする機会があった。ミサには行っていますかと聞くと、

①最近あまり教会へは行っていない
②時々は行くが、できれば行きたくない
③行くには行っているが、行かないと罪を犯したようで気持ちが悪いから

といったような消極的な返事が多かった。信仰の喜びを感じてミサに参加するといった反応は、ほとんど耳にしたことがない。

これらの学生たちが卒業し、社会に出て親の拘束から解き放たれた時、信者の務め（義務）を果たす場としての教会に足をむけるには、何らかのモチベーション作りが不可欠である。現代の日本のカトリック信徒が宗教に求めるニーズにこたえることができるような教会に根底から変身するか、もしそれが困難であれば、かならずしも固定した教会という建物に縛られることなく、あらゆる場所を教会と考え、教会の外に信仰表現の場を広げていくしかないであろう。

第三のキリスト教

筆者は二〇〇一年（平成一三）から二〇〇四年（平成一六）にかけて、長崎県佐世保市郊外の大崎教会、天草島の﨑津・大江教会、福岡県久留米《くるめ》市近郊大刀洗の今村教会における、旧信者が主たる構成員となっている土着的カトリックの信仰が強い地区と、新信者が主体の、横浜教区の末吉町《すみよしちょう》教会、二俣川《ふたまたがわ》教会における信仰のあり様に関する調査を行なった。

キリシタン時代の大多数の民衆層は、キリシタン大名の政治的な圧力による改宗政策に従って改宗したのであり、キリシタンの教えに関する理解という点では、極めて不十分なものであった。またキリシタンの信仰が日本の宗教土壌の中に浸透する暇《いとま》もなく、徳川幕府の禁教令によって、信徒だけの潜伏時代に突入したので、一神教としてのキリシタンの教えは日本の民衆の間に浸透していく暇がなかった。その結果、従来の日本的な重層信仰構造はそのまま残り、その上にキリシタンという名の、新たに渡来した宗教が、ほとんど理解されることなくつけ加えられたのである。

旧信者とは、このような歴史の流れの上にある人々の子孫であるから、復活期にいかにパリ外国宣教会の司祭たちの厳格な再教育を受けたとはいえ、日本人の伝統的な宗教観を根底から覆すことは容易なことではなかったことであろう。本章では、熊本県天草上島の﨑津・大江という典型的な旧信者グループに属する両教会の生の姿を通して、日本のカトリック教会のひとつの典型的な姿をみていくことにしたい。

天草にキリスト教が伝えられたのは一五六六年（永禄九）のことであった。天草五人衆が次々とキリシタンに改宗し、領民の多くもキリシタンとなった。天草島原の乱によって天草のキリシタンは全滅したかにみえたが、その後も大江、﨑津、今富、高浜の四か村に潜伏し続けた。一八〇五年（文化二）、「天草崩れ」が勃発《ぼっぱつ》し、これら四か村はじめ、天草西海岸一帯で五二〇〇余名の潜伏キリシタンが露見したが、キリシ

天草　大江カトリック教会遠景

タンではなく「心得違いの異宗徒」として寛大な扱いを受け、その後も潜伏し続けた。

一八七三年（明治六）キリシタン禁教令は撤廃され、プーリエ神父が一八八三年に大江天主堂、一八八五年に﨑津天主堂を建立した。その後、フランス人のガルニエ神父が三六年の長きにわたって両天主堂の信徒たちを司牧した。﨑津教会、本《ほん》渡《ど》教会の主任司祭を歴任したA神父に話を聞いたが、その話は少なからず衝撃的であった。

師によれば、「天草のカトリックは妥協を重ねて生き延びてきた信徒たちであり、カトリックでもカクレキリシタンでもなく、第三のキリスト教になってしまっている。天草のカクレキリシタンも独自のものを持たなくなって他宗教に吸収されてしまったが、カトリックもカクレキリシタンと同じ道をたどるのではないか」という。

A神父がいう第三のキリスト教とはどのような

ものかと問いかけると、「彼らはクリスマスや復活祭より死者の法事を大切にし、葬式カトリックになってしまっている。法事があるからクリスマスミサには行けないといい、普段はまったく教会に来ない人も、葬式だけは教会でやってもらいたいと平気で頼みに来るところをみれば、カトリックの檀家《だんか》であるという意識はあるようだ」と答えた。葬式仏教の本質が仏教風の衣をまとった祖先崇拝であるのと同様に、葬式カトリックの本質もカトリック風の衣をまとった祖先崇拝なのである。第八章二一七頁で黒崎の帳方村上茂則氏が言った、「(自分たちの信仰は)祈りはカトリックの祈りを唱えているが、やっていることは仏教(祖先崇拝)のことです」という言葉とピッタリ符合している。

教会でミサを上げてもらうのではなく、お寺の坊さんを呼ぶような感覚で自宅に神父を呼び、家庭祭壇の前で祈りをしてもらう。家庭祭壇には十字架が位牌《いはい》として飾られ、香台の前には棚が設けられ、赤飯、果物、お茶、タバコなどが所狭しと供えられ、さながら盆棚のようである。

神父はその棚の前で祈らされ、祈りが終わると食事が出る。神父にお布施のように謝礼は渡しても、教会にミサを頼むという考えはない。教会はまったく檀那寺に過ぎず、仏式の墓の上にただ十字架をつけただけの感じであるという。

主任司祭として直接に指導した、信徒たちの宗教行動の分析は極めてリアルであり、的を射ている。A神父はカトリック、隠れキリシタン、第三のキリスト教と三つに区分したが、その第三のキリスト教が、筆者のいうところのカクレキリシタンの概念、すなわち、隠れてもいなければキリシタンでもない、祖先祭祀《さいし》を中心とする日本の民俗宗教のひとつというイメージにもっとも近い。

「神仏習合」は、日本の宗教史を形成してきた、根幹的な現象といってよい。習合とは、相異なる教義が結合し、折衷することによって、あらたな融合・調和を生みだすことである。インドから伝来した外来宗教である仏教は、日本に入るや、日本人の民族宗教である神道との融合・調和の道を模索し、本地垂迹説《ほんじすいじゃくせつ》という魔法のカギを用いて、日本人の心の扉をいとも簡単にあけることに成功した。

A神父のいう「第三のキリスト教」とは、まさに「仏基習合」の姿である。天草の場合、本地は仏教で、その現れである垂迹がカトリックになっており、カトリックの司祭であるA神父としては、それは本物のカトリックじゃないと嘆いているのである。

旧信者の心の呪縛――罪意識

次に天草潜伏キリシタンの子孫である、﨑津・大江カトリック教会の旧信者の人々の信仰生活に目を向けてみよう。﨑津は漁業が主体で、﨑津教会の信徒数は約一〇〇

天草　﨑津カトリック教会

軒二五〇名。日曜日のミサへの参加者は五〇名程度であるが、そのなかで男性は一五名程度とすくない。大江は農業従事者が多く、信者数は三七〇人で、全盛期の三分の一程度に減少したが、﨑津教会の信徒数減少はそれ以上である。大江ではミサには半数以上が参加する。洗礼は幼児洗礼と結婚のための受洗だけで、キリスト教に目覚めて洗礼を受けるという本来の改宗はない。以前はたくさん出ていた召し出し（司祭への志願者）も最近ではみられなくなったそうである。

信徒への聞き取りによれば、まだまだいろいろな日本の土着的な民俗信仰と結びついた風習が残っている。﨑津のカトリック信者の中には、カトリック祭壇と神棚を一緒に置いている家が今でもまだ何軒かあり、カトリックの大工の棟梁《とうりょう》は、土地の神様である土神《どじん》の呪《まじな》いをして棟上式を行うそうである。﨑津のカクレキリシタン関係者への聞

大江教会でのクリスマスミサ
古式に従い男女完全に分かれて座っている

き取り調査によれば、「悪魔祓《ばら》いの儀式」というのがあり、新築の時、夜中に大黒柱の基礎石の下に十字架を埋めていたという話も聞いた。

崎津では、年に六回ある、復活祭、主の昇天、聖霊降臨、聖母被昇天、諸聖人、クリスマスの大祝日には、信者でない漁師仲間の人たちまでも「船止め」と称し、出漁を控えるそうである。縁起を担ぐ漁師たちは、教会の祝日に船を出せばバチが当たるという。

また「船津様《ふなつさま》」と呼ばれる儀式があり、船を新しく作るとき、六歳前の男子と女子の髪と七穀を船霊《ふなだま》として棟梁が入れる。船のお魂入れである。それがすむと、神父を呼んで、船を祓い清める祝別をしてもらい、その後、「新船を祀る儀式」を自分たちでやる。漁師の人たちは、港の出入り口の岬にマリア像を祀り、出航・帰港の時には手を合わせて大漁と航海安全を祈願しているが、恵比《えび》

崎津教会入口のクリスマス飾り

須《す》様に祈るのとなんら変わりはない。

B神父は二〇〇二年の大江教会でのクリスマスイブのミサが終わると、崎津教会でもミサをあげるためにすぐに戻った。崎津教会では大江教会のようなロウソク行列やミサの後のパーティーといった催しは何もない。生誕したイエスを馬小屋の飼葉桶《かいばおけ》に入れたプレゼピオが飾られているだけで、あとは普段のミサとあまり変わるところはなかった。

教会内の席は中央の通路をはさみ、男女左右に分かれ、前からつめずに後ろから座り、イブのミサにもかかわらず、聖体拝領をしない人が後ろの方の席に一五名から二〇名程度座っていた。ミサは夜九時から四〇分程度で終わり、終わると信徒たちはすぐに帰宅してしまった。教会入口の門のクリスマスの飾り付けや掃除には来ても、ミサには来ない信者がいると司祭は嘆いていた。

ド・ロ様版画「地獄図」
出津 ド・ロ神父記念館蔵

翌二五日、崎津教会のクリスマスの朝ミサが定刻より五分程早く、七時五五分に始まった。参加者は男性六名、女性九名、シスター二名で、一組だけが男女並んで座り、あとは男女左右の列に分かれて座った。七時五九分になって男性二名がやって来て、うち一人は、がら空きの教会の椅子席最後列のさらに後ろの、畳に正座した。その若い男性は、キリストの体を象徴するパンをいただく聖体拝領が始まると、拝領もせずにそそくさと帰ってしまった。

理由なくミサに行かないと大罪となり、告解をして罪が許されるまでは、聖体を拝領してはならないとされている。もし拝領したりすると、神に対する冒瀆《ぼうとく》であると司祭から指導されたそうである。周りは顔見知りであるから、だれが教会に来たか来なかったかはすぐにわかる。クリスマスミサは神の御子の誕生を祝うという、信者にとって一年の中でもっとも喜ばしい日のはずなのに、罪意識によって祭壇から一番遠い、教会の出口に近い畳に座り、聖体拝領もせずに帰ってしまった若者の気持ちはどのようなものだったのだろうか。

厳格なパリ外国宣教会の司祭たちの教育の特色は「罪の強調」であった。あれも罪、これも罪。罪を犯せば地獄におちるという恐怖心で信徒の心を縛ってきた。福岡県の旧信者主体の今村カトリック教会の信徒のひとりから聞いた話であるが、昔は説教といえば、教会の中では話はするな、ミサには遅れてくるななどと怒るだけで、罪を犯すと教会の祭壇の裏部屋に掛けてあった地獄絵で脅されていたそうである。

フランス人司祭たちが日本人に罪を強調したのは大きな失敗だったと思われる。親《しん》鸞《らん》の「善人なおもて往生す、いわんや悪人をや」という悪人正機説を持ち出すまでもなく、罪人に救いはないという考えは日本人にはなじまないようだ。

救われない衆生《しゆじよう》を見捨てるのではなく、観音様や地蔵様のように、優しい慈悲の手を差し伸べてくれる救いの神でなければ、一般民衆の心をつかむのは難しい。多くの旧信者がミサや年に一回の黙想会への参加を信者の「務め（義務）」と考えている。

都会も例外ではないが、地方の、それもことに過疎化しつつある地域の教会は、信徒減少問題に深く苦悩している。多くの若者は仕事を求めて家を離れ、都会では知り合いもいないので、教会から足が遠ざかりがちになる。地方に残されたのはほとんど高齢者で、バトンタッチすべき次世代層がいないことが最大の悩みとなっている。地元に残った少数の若者たちも、教会にパワーがなく、心をひきつける活動も乏しいので、さらに教会から足が遠のいてしまうことになる。

ミサへの参加者が少なくなった要因として、今の時代は学校の勉強やクラブ活動が優先される時代になり、教会に行かなくても、だれからも叱られなくなってしまったからだ。古老によれば、昔は教会に行かないとご飯も食べさせてもらえなかったほど厳しかったと、誇らしげに語っていたのが印象的である。

キリスト教には堅信《けんしん》と呼ばれる儀式がある。通常両親が信者の場合、生まれた子どもには生後ただちに幼児洗礼が授けられる。これは本人が自分の意思で選んだわけではないので、一二歳前後のもの心がつく年齢になると、改めてキリスト教の教えを一年ほどかけて学びなおし、堅固な信仰をもって一人前の信者としての再スタートを切るという意味の儀礼である。

しかし、堅信はほんとうの信仰生活のスタートのはずなのに、ゴールになってしまった感があるという。堅信が終わるまではなんとか頑張るが、その後は教会とさようならする人が多いと、ある司祭は嘆いていた。信仰を打ち込んだといわれる旧信者の教会も問題は山積している。

第十章

日本ではなぜキリスト教徒は増えないのか

日本人はキリスト教が好きなのか、嫌いなのか。

にわかには信じられないような話だが、昭和天皇は神道の現人神《あらひとがみ》でありながら、カトリックへの改宗を検討していたという説がある。今上《きんじょう》天皇は民間よりカトリックの美智子《みちこ》妃を皇太子妃として迎えている。日本におけるミッション校の数は膨大で、幼稚園から大学まで、日本のおおくの若者が仏教や神道以上にキリスト教の教えに親しんでいる。

日本人が一番好感を持っているのは実は仏教や神道よりもキリスト教ではなかろうか。しかるに、現在にいたるまで日本の総人口の一%にも満たないというのはどう考えても不思議な現象である。

終章として、第一章のはじめにとりあげた、日本キリスト教の七不思議のなかでも大変興味深いテーマである、「日本ではなぜキリスト教徒の数が増えないのか」という難題に取り組んでみたい。

キリスト教は「バタ臭い」？

「バタ臭い」という言葉はもはや死語になりつつあるが、西洋の香りがするという意味で使われる。西洋風の食物や着物や生活習慣を好み、西洋かぶれした人を指してバタ臭いというが、軽い嫌悪感や軽蔑《けいべつ》の意が込められている場合が多いようである。「ハイカラ」も明治時代の流行語である。一九七七年（昭和五二）度第一回講談社漫画賞少女部門受賞作品で、映画にもなったテレビアニメの「はいからさんが通る」を記憶している人も少なくないだろう。語源はワイシャツの高い襟「high collar」から来ている。

今では、ハイカラは「お洒落《しゃれ》」で、「時代の先端をいく」といった意味で使われている。しかし、本来は進歩的な人々が舶来物や、西洋風の生活スタイルを好んで取り入れ、西洋かぶれしたキザで軽薄なといったマイナスイメージを伴う言葉であった。バタ臭く、ハイカラなものの代表としてしばしばキリスト教があげられた。これまで日本人にとって、キリスト教は常に西洋文化を代表するものとして受け止められてきた。しかし、進歩的なものへのあこがれとともに、もう一方では、そのようなものにすぐに飛びつく軽薄さにたいする反感というか、一種のアレルギー反応のようなものも日本人の心のなかに潜んでいたのであろう。

十六世紀の中頃、日本に初めてキリスト教が伝来した時、時代を先取りする進歩的な人物であった織田信長は、キリシタン宣教師がもたらした進んだ南蛮文化にいち早く興味を示し、積極的に取り入れた日本人最初のバタ臭い、ハイカラな人物であった。信長は鉄砲を通して西欧文明にはじめて接し、海外から渡来した文物を積極的に受け入れた。一五八一年（天正九）、安土《あづち》城下でおこなわれた左義長《さぎちょう》の祭（小正月の火祭り どんど焼き）の時、ヴァリニャーノ神父から献上された黒いビロードのポルトガルの立派な帽子をかぶり、金襴《きんらん》の豪華なマント姿で現れた。また、珍陀酒《ちんだしゅ》（ワイン）を好んだことはよく知られている。

さて、その当時の日本人は、はじめてキリシタン宣教師をみたり、その教えにふれたとき、どのような反応を示したのであろうか。ハイカラな人物が、新奇なバタ臭いものに直ちに興味関心を示すのは世の常である。

本書で主として扱ってきたのは、新奇なものなど知りたくとも知ることができなかった、手に入れたくとも手に入れることができなかった、ハイカラな世界とは無縁の一般民衆層の反応であった。民衆層の反応を知るにたる手がかりはさほど多くは残されていない。だからといって、大多数を占める民衆層を無視しては、日本人とキリスト教の関係をただしく見渡すことはできない。一部の特殊な階層の特殊な事例を、「日本人は」と敷衍《ふえん》してしまっては、実態から乖離《かいり》してしまうことになる。

従来の日本におけるキリシタン研究は、ややもすれば記録にその名が残されたキリシタン宣教師、キリシタン大名のような一握りの指導者、為政者、キリシタン殉教者といった、一部のきわめて限られた特別な人々にかたよっていた。

彼らの行動が日本におけるキリスト教の歴史を華々しく物語っているのはまちがい

ない。しかし、日本人の大多数を占める一般民衆が西洋文化と出会った時、キリスト教に対していかなる思いを抱き、いかなるものとして理解し、いかなる宗教として受け止めたのかということは、例外的なエリート層の人々の言動からだけでは決してうかがい知ることはできないものがある。

しかし、実際には、これまでのキリシタン研究は、大なり小なりそのような性格をもっていたことは否めない。それはキリシタン研究に従事した者の大多数がキリスト教の聖職者、あるいはキリスト教の信者ないしはシンパであったという事情によるところも大きいといえよう。キリシタン資料の読み込み、解釈が知らずして護教的、神学的な色彩を帯びる傾向がみられたのもいたしかたのないことであった。

明治時代になると、日本は「文明開化」、「脱亜入欧」のスローガンのもと、近代化が急速に進められ、西洋の文化を積極的に取り入れようとした。幕末から明治初期、欧米諸国からふたたびカトリック、そして新しくプロテスタントの宣教師たちが多数来日した。

彼らは宣教活動とともに、欧米の進んだ近代科学、医療、教育、社会福祉事業などを展開し、日本人からバタ臭い人種というレッテルを貼られた。むしろ、意図して貼らせたのであろう。日本人はバタ臭いハイカラなものを、進んだもののシンボルとしてもろ手を挙げて歓迎するであろうと、宣教師たちは直感的に感じたと思われる。

もしそうならば、バタ臭い点がキリスト教宣教のセールスポイントとなりうる。しかし、その判断は誤っていたようだ。一度貼られてしまったこのレッテルが、今もって日本におけるキリスト教の教勢の拡大を逆に阻む足かせとなっているのは皮肉なことである。

多くの日本人は、キリスト教はたしかに素晴らしい宗教ではあるが、敷居が高すぎる宗教と感じているようである。キリスト教徒といえば、必ずといってよいほど「敬《けい》虔《けん》な」という形容詞が頭につけられることにも示されている。キリスト教徒になるには、それまでの自堕落で、いい加減で、ご都合主義的な生活態度を根本から改めなければ、「敬虔なクリスチャン」になれないとしたら、敬遠したくなるのもむりはない。

欧米の宣教師たちから薫陶を受けた日本人の聖職者たちは、バタ臭くないキリスト教、すなわち日本的なキリスト教のメッセージの伝え方を工夫し、もっと民衆の心に届くようにしようとは努めてこなかった。西洋的なキリスト教であってこそ最高に素晴らしいものであり、日本的なキリスト教となってしまってはその価値を失ってしまうのではないかと恐れ、日本的な要素の混入をむしろ意図的に排除してきたのである。

キリシタン時代と現代の信徒数

キリシタン伝来当初、短期間に多数の改宗者がうまれ、その後の幕府の厳しい迫害にもかかわらず、幕末・明治初期にいたるまで、秘《ひそ》かに信仰を守り通したといわれてきた。もしそうならば、明治六年に禁教令が撤廃され、日本は文明開化のスローガンのもと、西洋文化を積極的に摂取し続けてきたわけであるから、その西洋文化の中核となっているキリスト教は大いに歓迎されてしかるべきである。

まず数字の上で、キリシタン時代と現代を比較してみよう。キリシタン時代に信徒数がもっとも増大したのは、一七世紀初頭から大禁教令が出された一六一四年頃で、最大で四〇万から四五万人くらいの信徒が存在したといわれている。当時の日本の総人口は一〇〇〇万人から一二〇〇万人程度であったから、総人口の約三％程度がキリシタンであったことになる。

現代日本におけるキリスト教信徒数をみてみると、二〇一四年の統計によれば、カトリックの在籍信徒数は四三万六二九一人。その内一割の四万三〇二七人が居所不明。年間の幼児洗礼二六一九人、成人洗礼三〇九三人、死亡四二〇一人で、受洗者数から死亡者数を差し引いた一年間のカトリック信徒増加者数は一五一一人であった（『カトリック教会現勢　二〇一四年』カトリック中央協議会）。

日本の総人口一億二七〇〇万人に対するカトリックの占める比率は〇・三四％で、カトリックとプロテスタント（諸派総計約五七万人）を合わせても〇・八一％足らずで、一%にも達していない。人口比でいえば、キリシタン時代には、現在の一〇倍ものカトリック信徒がいたことになる。しかし、その多くはキリシタン大名による半強制的な改宗政策による結果であり、単純な数の上だけの比較であって、改宗者の質の問題はまた別である。

明治以降、キリスト教は教育と社会福祉活動を二本柱とし、都市部を中心として、日本人に人道主義、博愛主義、平等主義といったヒューマニズム精神を植え付け、新たな倫理道徳のモデルを提供した。むろん江戸時代に深く染みついたキリシタン邪教観は、地方都市や農村部、浄土真宗の勢力が強い地域において払しょくするのは容易ではなかった（五野井隆史『日本キリスト教史』吉川弘文館、一九九〇年）。

しかし、戦後急速にキリシタン邪宗観はうすれ、むしろ肯定的に受け止められるようになっていった。つぎのエピソードは日本人のキリスト教に対する好意的な姿勢を端的に示している。

昭和天皇は開戦前からローマ法王ベネディクト一五世と会い、東条英機《とうじょうひでき》首相にバチカンを通じて時局収拾を検討するよう提案していた。また敗戦後の占領期、天皇はキリスト教、とくにカトリックに接近し、神道の現人神であった天皇自身が、カトリックへの改宗を検討しているとの説も流れたほどである（『週刊朝日』平成二六年一〇月三日号）。

昭和天皇のみならず、また「昭和の皇后良子《ながこ》（香淳《こうじゅん》皇后）は戦時中からキリスト教の聖書の講義を宮中で受けていた。東京が空襲を受けているさなか、皇居ではなんと聖書の講義が行われていた」（講談社『本』二〇一五年四月号、原武史・奥泉光「『皇后考』刊行記念特別対談　皇后たちの祈りと神々」）

また昭和三四年、皇室は初めて民間より皇太子妃を迎えたが、美智子妃はカトリックの正田《しょうだ》家の長女で、カトリックの名門女子大学である聖心女子大学の卒業生であった。現皇太子妃雅子《まさこ》様もカトリックの田園調布雙葉学園の卒業生である。もし国民のあいだにいまだキリスト教に対する邪教観が残っていたとしたら、強い抵抗が示されたことであろう。しかし、天皇家がカトリックから皇太子妃を迎えることに対して、国民は反対どころか、祝賀ムード一色で、「ミッチー・ブーム」という社会現象をまきおこしたほどであった。

現在、日本におけるミッション校は膨大な数に上っている。二〇一四年度の統計によれば、全国のカトリック系の幼稚園五二四、小学校五三、中学校一〇二、高校一一五、短大一六、大学一九で、その他も含めると総数八四二校にのぼる。日本全国には大学が七八一校あるが、カトリック大学一九とプロテスタント大学五六校を合わせると、キリスト教系大学は七五校におよび、日本の大学の一〇校に一校はミッション校ということになる。

仏教系大学は四四校、新宗教系大学六校、神道系大学は国学院大学と皇学館大学のわずか二校のみであるから、いかに日本のおおくの若者が幼稚園から大学までキリスト教育の影響を受けているか、窺《うかが》い知ることができる。

戦後七〇年、学校教育のみならず、テレビや新聞やインターネットなどマスコミを通じて、キリスト教に対してはきわめて好意的な報道がなされてきた。それでもクリスチャンの人口は一%にも達していないどころか、わずかながら減少傾向をたどっている。

まことに不可解な現象である。次にその原因について考えてみることにする。

今にのこる舶来物へのあこがれ

信徒数が増えない要因として、外的要因と内的要因の二面が考えられる。

まず外的要因であるが、現代人は急速な科学の進歩に伴い、客観的、実証的、合理的なものの見方が強まり、目にみえない超自然的で非合理的な宗教的世界観をすなおに受け入れることが困難になりつつある。また一方では、個人主義の広がりによって、伝統的な寺や教会といった教団組織に縛られるのを嫌う傾向が非常に強くなってきており、そのことが宗教離れ、教団離れに拍車をかけているといえよう。

この現象はひとりキリスト教のみならず、仏教や神道もまったくおなじ状況にたたされている。『寺院消滅』（鵜飼秀徳著、日経BP社、二〇一五年）によれば、日本列島の過疎化、高齢化によって、とくに地方では寺院の存続が困難になり、住職の後継者もおらず、廃寺となるところも少なくないそうである。寺もいらない、墓もいらないという時代、あの仏教でさえ消滅の危機に瀕《ひん》しているというのである。キリスト教とて例外ではありえない。

このように現代社会は宗教自体が衰退しつつあるようにみえるが、一方でそうとはみない宗教学者も少なくない。現代人の信仰心が薄くなって宗教離れが起こっているのではなく、既成の教団に魅力を感じることができず、教団離れが起こっているだけというのである。

本来、宗教の果たすべき役割は、人々が生きてゆくさいのさまざまな不安や悩みの解決にある。現代社会では科学の進歩が宗教にとって代わり、これまで宗教が果たしてきた役割は限りなく減少し、それが宗教の衰退に結びついているのであろうか。科学は物質的な側面では人間を豊かにするかもしれないが、私たちの心の救いにはなりえない。

ストレスの多い殺伐とした現代に生きる私たちは、これまではなかった新たな不安や悩みを抱え、決して一昔前よりも幸せな時代に生きているとはいいきれない。むしろ今こそ人々はこれまで以上に真剣に救いを求めているのかもしれない。しかし、既成の教団は急速な社会の変化に対応し、移り変わりゆく人々の求めに応《こた》えることができずにガラパゴス化し、絶滅の危機に瀕しているのである。

日本においてキリスト教の信徒数が増えない内的な要因として、明治の初めから、今日にいたるまで続いている舶来信仰もしくはブランド信仰、別の言葉でいえば西洋文化至上主義が指摘できるのではなかろうか。いったいキリスト教の信徒数と舶来信仰にはどのような関係があるのか。

舶来物とは船に載せられて外国からやってきたものを意味するが、実際には日本人にとっては見事に欧米からのものに限られており、東南アジアやアフリカなどから入ってきたものは、私たちの意識の中では舶来物の範疇《はんちゅう》に入っていない。明治の文明開化期、戦後の復興期に欧米の進んだ文物を珍重し、ありがたいものとしてもてはやしたことは理解できる。しかし、日本が高度成長を遂げ、欧米社会と肩を並べ、世界でも超一流のテクノロジー国家に成長した今でも、舶来物崇拝意識が厳然と存在し続けていることは驚きである。

どんなに優れた物が安価に日本で作られていても、車ならベンツかBMWのドイツ車、時計ならオメガかロレックスのスイス製、香水ならシャネルかディオールのフランス製、バッグもエルメスかヴィトンのフランス製、ブランデーはコニャック、ワインならボルドーと相場は決まっている。欧米から直輸入された舶来物が最高という、一種の信仰にも似た感性がいまでも厳として残っている。

それなら宗教もヨーロッパ伝来のブランド宗教たるキリスト教が最高と考えるはずである。たしかに慣れ親しんできた神仏信仰を疎《おろそ》かにすることはできないが、その他の宗教の中では、キリスト教が一番安心できる、上等な宗教と考えられているのは間違いないところであろう。

ただ、そのことが逆にネックとなって、キリスト教が日本社会に浸透することを妨げている要因となっているのではなかろうか。どういうことかといえば、キリスト教も欧米風のキリスト教だからこそありがた味があるのであって、日本の諸宗教と融合したりすれば、それは偽物のキリスト教となって価値がなくなると感じるのである。

この感覚はキリシタンの復活以来、パリ外国宣教会の司祭たちによって、徹底した指導・薫陶を受けて育てられた日本人司祭の骨身に染みこみ、容易に洗い落とすことのできない足かせとなっている。

さらにそのような日本人司祭から指導された日本人信徒もまた、舶来物のキリスト教讃《さん》美《び》者となることは自然の成り行きである。このメカニズムはカトリックのみならず、プロテスタントも同様であり、むしろ、インテリ層の多いプロテスタントのほうにその傾向が強いかもしれない。

信徒数が増えるということは必然的に民衆化、大衆化をともなうことになる。民衆化するには土着化が不可欠である。土着化するということは、その土地に古くから伝承されてきた宗教的伝統や慣習といったものを積極的に取り込み、融合していくということにほかならない。

欧米風のキリスト教を理想のモデルとし、土着化をこばみ続ける限り、すでに土着化している旧信者と、ごく少数の超まじめなインテリ層である新信者を除けば、日本人を改宗に導くのは、限りなく困難な作業といわざるをえない。二〇一四年一年間の実質的な日本全国におけるカトリックの宣教活動の成果は、二五三頁に掲げた成人洗礼三〇九三名という数である。

ここで認識しておかねばならないのは、これまで理想と仰いできた欧米のキリスト教そのものが、急激な信徒の減少によって没落の岐路に立たされているということである。たとえれば、欧米では人気がなくなり売れなくなってしまった旧モデル車を、日本人がいくら欧米からの直輸入物が好きだからといって、いつまでもそのまま輸入販売し続けるようなものである。日本人の好みに合わせて徹底してモデルチェンジしない限り、日本での高シェア獲得はありえない。このモデルチェンジが土着化（日本化）ということである。

これまでキリスト教は、世界で最高の宗教なのであるから、他の宗教のほうから歩み寄ってくるのが当たり前で、キリスト教のほうからそうする必要はないとあぐらをかいてきたところがなかっただろうか。外国人宣教師たちも口にこそ出さないが、仏教や神道を一段低いものとみて、まず日本の知識人やエリート層を先に改宗させれば、民衆層も自然にキリスト教に近づいてくるものと楽観視していたのではないか。

第二バチカン公会議（一九六二年～一九六五年）はそのような反省の上に開かれ、諸宗教との対話を進め、大胆な体質変革を遂げたといわれている。しかし、まだまだ末端の民衆層にまで、その精神が浸透しているとはいいがたい。日本のキリスト教会には、いまだに欧米風のキリスト教が唯一の範とすべきものであるとの考えが根強く残っており、キリスト教側から日本の伝統的諸宗教に歩み寄り、共生の道を模索しようとする努力を怠ってきた。

二〇一〇年の世界総人口六九億人の中で、キリスト教信者は二一億八〇〇〇万人と三二％を占める。キリスト教は世界的な宗教とされるものの、欧米など伝統的なキリスト教世界は衰退にむかい、いっぽう発展途上国における信徒数は急増している。世界で現在キリスト教が教勢を伸ばしているエリアは、アフリカ諸国、ラテンアメリカ、東南アジアである。

一九〇〇年の段階では、世界のキリスト教徒の半数四九・九％がヨーロッパに住んでいた。次いで北米が一四・一％であった。一〇〇年後の二〇〇〇年になると、ヨーロッパのキリスト教徒は二一％、五人に一人と激減している。欧米に住んでいるキリスト教徒は三分の一に過ぎず、残りの三分の二は欧米以外の地域に住んでいる。

ことにキリスト教が急速に拡大しているのがアフリカ諸国である。もともとキリスト教の起源は西アジアにあったが、現在同地方での信徒は住民のわずか四％に過ぎない。アフリカ住民による固有のキリスト教運動の結果、サハラ砂漠以南では、一九一〇年の一〇人に一人から、今日では一〇人の内六人がキリスト教徒である。

教派別に見ると、約半数はカトリック。広い意味でのプロテスタントは三七％、正教会一二％、その他モルモン教会やエホバの証人など一％となっている。ナイジェリアのキリスト教徒は八〇〇〇万人で、宗教改革が始まったドイツよりプロテスタントが多い状況である（クリスチャントゥデイ「キリスト教は今やアフリカの宗教に」二〇一一年一二月二七日より）。

ローマ教皇ヨハネ・パウロ二世は二〇〇三年、ヨーロッパのカトリック教会の状況を「沈黙の背教（silent apostasy）」と表現した（ヨハネ・パウロ二世の使徒的勧告ECCLESIA IN EUROP）。二〇〇五年、ベネディクト一六世は信仰教義聖省長官であったとき、カトリック教会を「沈みつつある船」にたとえた（『教皇ベネディクト16世　黙想と祈りによる十字架の道行』女子パウロ会、二〇〇六年）。更にまた、二〇〇九年全世界の司教たちへの手紙の中で、「地上の広大な地域で、信仰がもはや燃え尽きてしまう炎のように消え去ってしまう虞《おそれ》がある現代」と表現している。

欧米一辺倒であった日本のキリスト教も、そろそろ「沈みつつある船」から下船し、メイド・イン・ジャパンのキリスト教船に乗り換える時かもしれない。現代社会ではすでに意味をなくしてしまった舶来主義から一刻もはやく脱却しなければ、夢とロマンを乗せて北大西洋に沈んだ豪華客船タイタニック号の二の舞いにならぬとも限らない。

欧米におけるキリスト教の現状を示すデータをいくつか挙げておく。

①フランスでは、一九五八年三五％のフランス人が日曜日のミサに参加していたが、二〇〇　四年にはわずか五％に低下している。

②スペインでは、二〇一〇年の統計によれば、カトリック信徒の三分の二が教会の儀式にほとんど参加したことがないと答えている。

③ドイツでは、二〇〇六年に八万四三八九人、二〇〇七年に九万三六六七人、二〇〇八年に一二万一一五五人と、この三年間で合計二九万九二一一人のカトリック信者が教会を離れたと発表している。カトリック教会への新しい入信者数は、二〇〇七年は四八八一名、二〇〇八年は四三八八名であった。また、二〇〇七年と二〇〇八年の一年間に、一八五の教会が閉鎖されている。

④オーストリアでは、二〇〇四年には四万五〇〇〇人が、二〇〇五年には四万四六

○九人が、二〇〇六年は三万六六四五人が法的にカトリック教会から脱会した。二〇〇七年には二〇〇六年と比較すると、信徒数が一八％減少し、二〇一〇年には八万七〇〇〇人のカトリック信徒が教会を離れ、二〇〇九年と比べ六四％減少している。

⑤アメリカ合衆国では、二〇〇八年だけで四〇万人がカトリック教会を離れ、一九九五年から二〇〇八年までに、教会の数が一〇〇〇以上減少し、司祭の数も四万九〇〇〇人から四万人に減少している。また将来司祭になろうとするカトリック神学生の数も、一九七〇年の二万八八一九名から、二〇〇二年には四七一九名に激減している。このままでは、日本もそうであるが、近い将来必要な司祭数の確保に支障をきたすことが危惧《きぐ》される。

新宗教人気に学ぶ

ここでは日本におけるキリスト教の土着化の問題に特化するために、現在日本でどのような宗教が教勢を伸ばしているのか、また、その人気の秘密を探ってみることにする。その人気の宗教とは新宗教である。

世間一般には新興宗教と呼ばれることがおおく、どこかうさん臭い、怪しげな、近づかない方がいいというような印象を持っている人も少なくないかもしれない。キリスト教も発生当初は立派な新興宗教だったわけで、ユダヤ教徒からみれば、イエスは弟子たちを集めて徒党を組み、体制を覆そうとする危険分子とみなされて十字架上で処刑されたのである。

平成二七年版の『宗教年鑑』の統計によれば、日本の宗教信者数総計は、一億九〇二一万人となっている。日本の総人口よりはるかに多いが、一人が複数の宗教に属していることは、考えてみれば何の不思議もない。内訳は、神道が九二一六万人で日本の宗教総人口の四八・五％、仏教が八七一二万人で四五・八％、キリスト教がカトリックとプロテスタントあわせて一九五万人で一・〇％、諸教が八九七万人で四・七％となっている。

新宗教の教団数は、正確な数値をあげるのは容易ではないが、一定規模で持続的に宗教活動を行っている新宗教の教団は、三五〇から四〇〇教団程度とみられている（石井研士『プレステップ宗教学』弘文堂、二〇一〇年）。新宗教の信徒数は、教団からの自己申告によるもので、実数とかなりのずれがあると思われるが、日本の宗教人口の約一五％の二五〇〇万人程度といわれており、かなりおおきな数字である（石井研士『増補改訂版データブック　現代日本人の宗教』新曜社、二〇〇八年）。

平成二五年版の『宗教年鑑』のデータをもとに新宗教の信徒数ランキングを紹介す

ると、

（一位）幸福の科学一一〇〇万人
（二位）創価学会八二七万世帯
（三位）立正佼成会三一一万人
（四位）顕正会一六七万人
（五位）霊友会一三九万人
（六位）佛所護念会教団一二四万人
（七位）天理教一二〇万人
（八位）ＰＬ教団九三万人
（九位）真如苑九一万人
（一〇位）世界救世教八四万人

となっている。

先述したように、信徒の算出基準がまちまちであり、教団の公称であるから、数字は参考程度にとどめるとしても、ぎりぎり一〇位にランクインしている昭和一〇年に発足した世界救世教ですら、カトリック人口のちょうど二倍に相当する教団に成長しており、新宗教が民衆にひろく受け入れられていることを示している。第一位の幸福の科学が発足したのが、一九八六年であるから、わずか三〇年あまりの間に一〇〇〇万人以上の信徒を獲得したことになる。

よく知られている天理教は、江戸時代後期に教祖中山みきが神がかりして開教したが、天理市は日本でただひとつ、宗教団体名がそのまま市の名となったものである。また創価学会は、与党第二党である公明党の支持母体であることは周知の事実である。

こうみてくると、新宗教はそのイメージとはずいぶん異なり、日本の民衆の間にしっかり受け入れられ、確実に根を下ろしていることがわかる。それならば、そこまで人々をひきつけている魅力が何か必ずあるはずである。キリスト教が老舗《しにせ》の優良店として、良いものはかならず売れると、製品開発もセールスも宣伝もなにもせず、客が来るのをじっと待っているだけだとしたら、伝統も格式もある大きな店が、知らないまにファミレスかコンビニにとってかわられているのと同じことになりかねない。

新宗教の大きな特色のひとつに、教祖の神がかりというシャーマニズムがあげられるが、韓国のキリスト教が急速に信徒数を増やしたのも、朝鮮民族の土着信仰たるシャーマニズムを強く取り入れたことが指摘されている。

「クリスチャン トゥデイ」（二〇一五年六月一日）によれば、日本におけるキリスト教信者数について、「二〇一〇年度以降、カトリック、オーソドックス（正教会）、プロテスタントとも減少傾向にあるが、教派別では、ペンテコステ・カリスマ系や単立教会系で増加傾向を示した」と報告されている。日本のキリスト教も異言・預言・いやし・奇跡・悪霊祓いなどを行う、シャマニズム的性格を有する教団が教勢を伸ばしているのは事実である（池上良正『近代日本の民衆キリスト教　初期ホーリネスの宗教学的研究』東北大学出版会、二〇〇六年）。

頭を切り替えねばならないのは、キリスト教の普遍性の問題である。カトリックという言葉自体普遍性という意味であるが、唯一普遍のモデルがあるわけではない。キリスト教は、伝播《でんぱ》していった先々の諸民族が有していた、伝統的な民族宗教と習合するいがいに、受け入れられる道は開かれていない。

サハラ砂漠以南のアフリカ、アジアのフィリピン・韓国・インドネシア・インド、中南米諸国といった、キリスト教が教勢を伸ばしている地域では、いずれも欧米風のキリスト教ではなく、その土地独特の土着信仰と融合したキリスト教が展開されている。

理念としての普遍的なキリスト教は存在するかもしれないが、現実の世界では存在せず、あるのは韓国キリスト教、フィリピンキリスト教、ブラジルキリスト教、アフリカキリスト教といった、個別の国々の独自の宗教土壌に根付いたキリスト教である（拙稿「アジア諸国のキリスト教受容」、荒野泰典他編『アジアのなかの日本史　V　自意識と相互理解』東京大学出版会、一九九三年））。

スイスのプロテスタント神学者、カール・バルトは一九六八年、亡くなるわずか三週間前に東南アジアの諸教会に向けて、またバルトと個人的に親交のあった日本人神学者のこともおそらく念頭において、生涯最後となる次のような手紙を送っている。「神のためにキリスト者として言わなければいけないことを、責任を持って具体的に、あなた自身の言葉と考え、概念、方法を用いて語ってください。より責任があり、具体的であればあるほど、良いキリスト者となります。良いキリスト者、神学者になるために、『ヨーロッパ人』や『西洋人』『バルト主義者』になる必要は全くありません。(東南)アジアのキリスト者になることに気兼ねしないでよいのです」(クリスチャン トゥデイ 二〇一四年二月二四日「〝西洋的・知的〟なキリスト教から〝日本〟のキリスト教へ 日本におけるキリスト教宣教の分析と二つの提案」から抜粋)

バルトがいうように、クリスチャンになるということは、西洋人になることでも、西洋人の真似をすることでもない。欧米スタイルのキリスト教をありがたがる舶来主義とは袂《たもと》をわかち、日本人のキリスト教に転換していくよりほかに新たな展望は開けてこない。「新しい酒は新しい皮袋」に盛り、新たな時代状況への適応(aggiornamento アジョルナメント)を大胆にすすめていかぬ限り、キリスト教の日本への土着の道は閉ざされたままであろう。

中央のマリヤ観音と先祖の位牌を一つの祭壇に祀っている長崎市内のカクレキリシタン祭壇

韓国のキリスト教

柳田国男《やなぎたくにお》の研究を継承発展させた、日本民俗学研究の第一人者桜井徳太郎は、仏教という外来信仰が日本人に受容され、民衆の信仰と同化しえたのは、仏教が歴史的経過の中で、日本の土着宗教の基層に横たわる祖先崇拝としっかり結びつくことができたからであり、これに対して祖先崇拝を否定し、最後まで異質性を強調したキリスト教は浸透することはできなかったと述べている（桜井徳太郎『講集団成立過程の研究』吉川弘文館、一九六二年）。

また桜井は、「仏教にかぎらず、既成宗教といい、新興宗教といい、日本の民間層に深く根を下ろし得た宗教信仰は、すべてほとんど例外なく、在来の祖霊信仰と結びついている」と結論づけている（桜井徳太郎『神仏交渉史研究』吉川弘文館、一九六八年）。

日本仏教における主な仏教行事といえば、お正月に初詣《はつもうで》して無病息災・商売繁盛を祈願し、お盆とお彼岸の時に墓参りするくらいであろう。ごく普通の仏教徒がお寺と接点を有するのは、葬式と年忌供養を頼むときくらいのもので、僧侶《そうりょ》の唱えるお経もカクレのオラショのように呪文《じゅもん》にちかい。

日本人が仏壇にご飯やお茶をあげて手を合わせるとき、それは人間であるご先祖様に対してであって、神である仏様に対してではない。これが日本人に受容され、日本に土着した日本仏教の姿である。そのようなものはインドの真正な原始仏教とは似ても似つかぬ偽物として切り捨てることができるであろうか。

カクレキリシタンが三五〇年以上の時を隔てて今日まで続いてきたのも、日本仏教とまったく同じ受容と土着の原理に従って、日本の諸宗教の中に溶け込んでいったからである。祖先の霊に対する篤《あつ》い信仰は、現代にいたるまで一貫して日本の民衆信仰の中核をなしている。桜井がいう、この外来宗教の受容と土着の基本パターンは、むろん日本独特のものではなく、広くアジアにおいて、キリスト教が宣教された国に共通してみられるものである。

ここでは韓国のキリスト教を取り上げてみることにする。隣国の韓国では朝鮮戦争以降、急速にキリスト教が教勢を伸ばし、韓国総人口の三〇%あまりを占めるまでに成長してきている。二〇一〇年の統計によれば、韓国の総人口四八〇〇万人の内、無

世界最大汝矣（ヨイド）島純福音教会大集会
ソウル市内八五万人の信徒を擁する

宗教が四三・三％、仏教は二四・二％で一一八五万人である。

しかし、カトリックとプロテスタントを合わせたキリスト教は全体の三一・六％を占めており、じつは韓国における最大宗教はキリスト教なのである。その内訳はプロテスタントが二四・〇％で一一七五万人、カトリックが七・六％で三七〇万人。韓国のキリスト教徒数は、総人口比でいえば、日本のちょうど四〇倍にあたっている。

何故このような大きな差が生まれたのであろうか。韓国におけるキリスト教の受容の問題を、歴史民俗学的観点から分析した柳東植《リユウトンシク》は、韓国人の心性の決定要素として、巫俗《ふぞく》（シャーマニズム）の存在を次のように指摘している。

「韓国においては、シャーマニズムが韓国の宗教的基盤をなしつつ、外来宗教を受容したのであり、その外来宗教との混合を通じて、さらに変形され

つつ歴史の底流をなしてきた」（柳東植著、金忠一訳『韓国の宗教とキリスト教』洋々社、一九七五年）

韓国ではシャーマニズムが祖先崇拝とともに基層信仰を形成し、外来宗教を受容したのである。朝鮮戦争以降、韓国においてプロテスタントが驚くほど急速に教勢を伸ばしたが、その最大の要因は、プロテスタント神秘主義を韓国の基層信仰たるシャーマニズムにうまく引き込むことに成功したからである。

広島大学名誉教授崔吉城《チエキルソン》も次のように語っている。

「韓国のキリスト教はシャーマニズムと混合している。つまりキリスト教の聖霊運動はシャーマニズムのトランス（憑霊《ひようれい》、神がかり）やエクスタシー（脱魂）の要素が含まれているのが常である。キリスト教会にはシャーマニズムとキリスト教が共存あるいは混在するようであり、日本人には新宗教のように感じるかも知れない。私はシャーマニズムを迷信と思い、キリスト教へ改宗したが、再び教会の中でシャーマニズムを見るような感がある」（東洋経済日報〈随筆〉崔吉城「私とキリスト教」、二〇一〇年三月一二日）

一方、日本では、民衆の心に今でも力強く生きている素朴な基層信仰を、意識的にも無意識的にも異教的な価値の低いものとして排除し、欧米の理知的なキリスト教神学を押し付けようとした結果、少なくとも数の上では、カトリックもプロテスタントも日本における宣教に成功しているとはいえない。

宣教に携わる者はその土地の宗教的土壌をよく知り、土の特性に合わせた品種改良を重ねなければならない。その土に相当するのが基層信仰である。どんなに良い種をまいても、土壌に適していなければゆたかな実を結ぶことはできない。

遠藤周作は小説『沈黙』のなかで、日本の宗教土壌はおそろしい沼地で、どんな苗でも根を腐らせ、葉も枯らしてしまうといっているが、日本ほどいかなる苗をも受け入れる豊かな土壌はないのではなかろうか。キリスト教が日本の土壌に根を下ろすことをためらってきたのは、そうすることによって日本の基層信仰に埋没し、根も葉も枯れてしまうことを恐れたからであろうか。

これから日本に根を下ろしていくために取り組むべき課題は数多くあるが、

①多神教の土壌に一神教たるキリスト教をどのように根付かせるか
②無病息災、商売繁盛といった現世利益を求める日本人にいかに応《こた》えるか
③日本の民衆宗教の根底にある先祖崇拝といかにうまく折り合いをつけるか

といったようなことがまずは主要テーマとしてあげられよう。

長崎市西出津町『沈黙』の文学記念碑

一神教と多神教の対立を越えて

遠藤周作は日本におけるキリスト教の土着化の問題を最大のテーマとして、生涯追い求めた作家である。遠藤は最初の国費留学生として、現代カトリック文学研究のためにフランスに留学し、そこで小説家としての生涯のテーマをみつけた。

そのテーマとは、「私にとって距離感のあるキリスト教を、どうしたら身近なものにできるか」ということであった。日本人にはなじみにくい西洋直輸入のキリスト教を、いかに受け入れやすい和風スタイルのキリスト教に変えていくことができるか、小説を通してその道を探求していこうと考えたのである。

遠藤が生涯をかけて追い求め続けた、「ヨーロッパ直輸入の一神教的キリスト教を、汎神論《はんしんろん》的日本の宗教風土にいかに融合させていくか」というテーマに対する結論は、最晩年の七〇歳の時に発表した『深い河』のなかにはっきりと示されている。

遠藤はイギリスの宗教哲学者ジョン・ヒックの「宗教多元主義」の考え方に強く影響を受けている。汎神論的な日本の宗教風土の中では、神仏信仰を排除し、一神教としてのキリスト教を根付かせることはまずもって不可能である。キリシタンは唯一絶対神を主張し、先住の神々を否定したがゆえに、仲間にいれてもらえなかった。遠藤が到達したのは、「仏教の中にも生きるキリスト」、「神道の中にも生きるキリスト」というような、伝統的な日本の諸宗教と共存していくなかで、それを超えて生きるキリスト理解だった（ジョン・ヒック著、間瀬啓允訳『宗教多元主義 増補新版』法藏館、二〇〇八年）。

日本では日本の伝統的な諸宗教の表現法を借りつつ、キリスト教独自の姿を示すことも可能なはずである。一神教としてのキリスト教をそのまま移植しようとして、その努力はこんにちにいたるまでほとんど報われることはなかった。この道をあゆみ続ける限り、これからもおそらく受け入れられることはないであろう。

日本のキリスト教がこれからの歩むべき道を模索するに際し、一番の急所は一神教と多神教の問題であろう。日本は古来より八百万《やおよろず》の神々、自然界のあらゆる存在の中に神性を感じるアニミズムの世界である。インドから日本にやってきた仏教も、日本の神々をおろそかにはしなかった。日本に入るやいなや、ただちに神仏習合をすすめ、ホトケ（本地《ほんじ》）がカミの姿をとって日本に降臨（垂迹《すいじゃく》）したとする本地垂迹説を受け入れたからこそ、今日におけるその地位を築くことができた。

平安時代中期以降、天台密教から生み出された「草木国土悉皆成仏《しっかいじょうぶつ》」思想は、人間だけでなく、山も川も、草も木も、鳥も魚も、地上にあるすべてのものが仏性を持ち、みな成仏できるのだとして、日本人元来の自然崇拝という宗教意識と見事に融合することに成功した。もし仏教が、自然崇拝など無知蒙昧《もうまい》な人のすることであり、高邁《こうまい》な仏陀の教えに帰依すべきであるという態度をとっていたらどうであったろうか。

キリスト教の神は、全知全能で天地万物を創造した、唯一絶対なる救い主であり、洗礼を受けなければ救われないと説いているが、一部の知識人層を除けば、民衆層の心をとらえるのはきわめて難しいとおもわれる。一神教のこの教えを受け入れるということは、昔からの日本のありがたい神や仏を否定し、先祖を疎かにするということである。仏壇や神棚や先祖の位牌《いはい》まで焼き捨てるようなことは到底できない。

このようなたとえ話は噴飯ものかもしれないが、ある宗教がキリスト教に対して、次のようにいったとしたらどうであろうか。返答は断固ノーであろう。

「十字架にはりつけにされたような罪人が、死んで三日目に生き返ったなんて話は真っ赤な嘘で、マリアの処女懐胎というのも荒唐無稽《むけい》な作り話である。進化論や地動説など、聖書も誤っていることが、科学によって証明されており、キリスト教は偽りの宗教である。ゆえにあなたは十字架やマリア像や聖書などをただちに焼き捨て、こちらの宗教に改宗しなければ救われません」

キリスト教はこれと真逆のことを、自分でも気づかないうちに、日本の諸宗教に押しつけてはこなかっただろうか。もしそうなら、日本人にノーと拒否されてもいたしかたないであろう。

キリスト教が日本の民衆の心の中に入っていくためには、日本人の伝統的な神仏信仰を否定することなく、むしろ積極的に融和し、取り込んでいくくらいの姿勢をもち、妥協点を見出《みいだ》していくしかないであろう。日本の場合、何よりも重要なのは、キリスト教スタイルの祖先祭祀《さいし》を創出し、強力に定着させ、自然との調和・共存を図るアニミズム的思考を、具体的な形でキリスト教の儀礼の中にできるだけ取り込み、現世利益をおろかな民衆の願望として軽視しすぎないことであろう。来世の救いだけでは素朴な民衆の心をつかむことはできない。

異文化が異なる土壌の中に入ってきて、それが受け入れられ、根付くためには、既存の土着の文化と共存し、融合していくしかない。異文化と融合し、変容することなく、純粋な形のまま移入され受容されたという事例は、歴史的な事実として存在しない。

ヨーロッパが世界の中心であった時代はとうの昔に終わりを告げた。ドイツの哲学者シュペングラーが『西洋の没落』を書いたのは今からちょうど一〇〇年前のことである。ヨーロッパ諸国もいまではひとつの地方にすぎないのに、日本人だけがいまだに西洋文化至上主義（キリスト教文化至上主義）という夢とロマンにしがみついている。その夢から目覚めぬ限り、夜明けはまだまだ遠いといわざるをえない。

世界遺産登録は是か非か

長崎県を中心地とした「長崎の教会群とキリスト教関連遺産」のユネスコ世界遺産登録運動は、二〇一六年一月、イコモスの「日本の特徴である禁教期に焦点を当てるべき」との指摘を受け、「長崎と天草地方の潜伏キリシタン関連遺産」と名称を変更した。明治以降に建てられた教会建築を主体としたものから、潜伏キリシタンという本来の宗教性にフォーカスしながら、世界遺産としての価値を再提示しようというわけである。

変更前の申請内容は、日本のキリシタンは江戸幕府によって厳しい迫害をうけたが、命がけでその信仰を守り通し、奇跡のように復活した。そのあかしとして長崎県と熊本県の各地に残っている教会群を歴史的遺産として登録しようというものであった。構成要素としてあげたのが、ほとんど幕末・明治期のカトリック教会という建築物に集中してしまったのは確かに問題ではあったかもしれない。

新提案が、「キリスト教の信仰が禁じられた禁教期のキリシタンの文化的伝統に焦点を当てる」というのは望ましいことと思われる。しかし、禁教期に入る前のキリシタン時代の歴史を物語る構成資産をカットしてしまうというのは首肯できない。イコモスの指摘の本意はほんとうにそのようなところにあったのであろうか。

本書第一章の日本キリスト教史のアウトラインでもふれたとおり、日本におけるおよそ四七〇年のキリスト教の歴史は、初期の発展と迫害のキリシタン時代、中期の潜伏時代、後期の復活の時代から現代という三期に分けられる。もし中期の潜伏時代に特化し、初期と後期の歴史をおろそかにした遺産構成となれば、スーパーで調理済みの、頭と尻尾《しっぽ》が切り落とされてなんの魚かわからないパック詰めのようなものになってしまう。

これら三期は一貫してつながっており、その中の一期だけを取り出してみせても、日本のキリスト教の歴史をただしく理解するのは困難である。キリスト教の歴史になじみの少ない一般観光客は、パンフレットや案内板などを熟読し、ガイドの説明によく耳を傾けなければ、わかりにくいものとなることが懸念される。

潜伏期は二三〇年におよび、日本のキリスト教の歴史のちょうど半分を占めている。迫害と殉教と潜伏のこの時期は、世界のキリスト教の歴史の中でもあまり類例のない特徴的なものである。にもかかわらず、この時期は潜伏時代なので、その信仰をあきらかにする資料に乏しく、これまで潜伏期の実証的な解明はほとんどなされてこなかったうらみがある。イコモスはこの不足をできる限り補ってもらいたいということを指摘したかったのではなかろうか。本書では、これまで比較的扱われることが少なかった潜伏時代について、第四〜五章にかけて、七五頁あまりを割いて詳述した。

登録運動の最終結果は二〇一八年度中ごろの発表の予定であるが、一〇年越しに進められてきたわけで、紆余《うよ》曲折を経て、こんどこそまちがいなく承認されることであろう。そうなると、ひとつ心配なことがある。登録後はこれまでよりもなお一層、「仏教を隠れ蓑《みの》として、キリスト教の信仰を守り通した」というキャッチコピーが、観光客誘致の宣伝文句として、国内外に発信されるであろうことは火をみるよりあきらかである。

観光案内板や観光パンフレット、マニュアル本によって指導されたボランティアガイドの説明によって、夢とロマンのキリシタン史がいま以上に、国内のみならず海外にまで広く拡散していくようなことになれば、歴史の実像にしっかりと目をむけるさいごのチャンスを失ってしまうのではないかと危惧される。いま正しい情報を発信しておかねば、後に訂正するのは容易なことではない。

東大史料編纂《へんさん》所の岡美穂子氏も、「国際的に知名度の高いカクレキリシタン文化を

長崎県上五島
世界遺産構成要素のひとつの
カトリック頭が島（かしらがじま）教会

ひとつの観光資源とするにあたり、信仰というデリケートな問題を、安易に説明しやすいものへと変え、形骸化《けいがいか》を促進してしまいかねない点には注意すべきであろう」と指摘している（岡美穂子「長崎外海のカクレキリシタン信仰に見る托鉢修道会の布教活動」、杉本良男編『キリスト教文明とナショナリズム』風響社、二〇一四年）。

世界遺産登録が日本のキリスト教にとってプラスになるのか、マイナスとなるのか、なにごとにも一長一短あり、現段階では見極め難いこともおおい。ただ観光は経済活動と深く結びついており、京都のお寺のように、祈りの場所ではなく、観光名所となって、高い拝観料をとるだけの見世物となってはならない。教会の周辺で、ロマンのカクレ饅頭《まんじゅう》・クルス煎餅《せんべい》・マリヤ観音のレプリカなどが土産品として並んでいるシーンは想像したくない。

あとがき

「おわりに」をどうまとめようかと思案しているときに、本書のテーマ理解のためにふさわしい新聞記事が目に留まった。地元長崎の新聞で、長崎・天草地方の潜伏キリシタン関連世界遺産を紹介した、全面の連載特集記事である。この連載の担当記者は、長年このテーマを追いかけてきた、キリシタン問題のベテラン記者である。その記者がこの微妙なキリシタンの問題をどのように認識し紹介しているのか。大変興味あるところである。以下、その記事の関連ポイントだけを抜き出してみる。

①「平戸島西海岸に位置する春日《かすが》の住民は、約四六〇年前の戦国時代にキリスト教に改宗し、禁教期には『潜伏キリシタン』となって、ひそかに信仰を続けた」

②「一五五八年、平戸領主松浦《まつら》氏の一族で熱心なキリシタン武将籠手田安経《こてだやすつね》が、領地の平戸島西岸と生月島で強制改宗を断行した。春日集落も全員がキリシタンに

なり、集落には大十字架と教会が建った」

③「一五九九年、松浦氏は領内のキリスト教信仰を禁じ、一六一四年には江戸幕府が全国に禁教令を出し、弾圧は激しさを増した。春日の人々は表向き仏教に帰依し、寺の檀家《だんか》として務めを果たしながら、ひそかにキリスト教への信仰を続けた」

④「一八七三年、禁教令が撤廃されたが、春日の人々はカトリックに戻らずに、『かくれキリシタン』となり、神仏も『キリシタンの神様』もそれぞれ信仰する禁教期の伝統を守り続けた」

⑤「（いまでも春日の○○さんの自宅には）仏壇のほか、『お稲荷《いなり》さま』を祭る祭壇と、「キリシタンの神様」を祭る神棚が共存している。『神様は全部同じ』とそれぞれ大切にする思いは、禁教期を生きた春日の人々も同じだったかもしれない」

⑥「その昔、西洋のキリスト教は大海を渡り、はるばる春日にやってきた。現在の春日にはキリスト教の信仰は残っていない。だが、『キリシタンの神様』は長い年月を経て春日の風土に溶け込み、八百万神《やおよろずのかみ》の一柱になったのではないだろうか」（傍線引用者）

これら①から⑥の記事を一読しただけで、いろいろな疑問点や矛盾点にただちに気づくことであろう。①は典型的な旧来の表現法で、潜伏キリシタンたちはひそかにキリスト教の信仰を守り通したという。しかし、②にあるように、殿の一族の武将が強制的に全住民をひとり残らず改宗させたのであれば、すべての住民が心から神仏を否定してキリスト教徒になったわけではなかろう。おそらく記者もそのことには気づいていたと思われるが、ここは旧来の表現を踏襲せねばならないと感じたのであろう。そして③のように、「潜伏キリシタンたちは表向き仏教徒のふりをしながらひそかにキリスト教への信仰を続けた」というお決まりのフレーズで飾った。

旧来の①、③の表現が史実として正しいとするならば、短期間に全員集団改宗させられた彼らは、キリシタンについてはほとんど何も知らなかったはずであり、なぜ信仰を守り通したのか説明がつかない。実際に守り通したのはキリシタンの信仰ではなく別のものであり、明治以降、夢とロマンを求めて創作されたフィクションだったことは、本書第一章で詳述したとおりである。

③で仏教を邪教として否定し、ひそかにキリシタンの信仰を続けたと書いたばかりなのに、④では一転して、「神仏も『キリシタンの神様』もそれぞれ信仰する禁教期の伝統を守り続けた」となる。⑤では「神様は全部同じ」となる。禁教期の潜伏キリシタン信徒たちはキリシタンの神も含め、どんな神でもみんな同じ神として大切にしてきたと、論旨は完全に逆転している。そして⑥では、「キリシタンの神様」は長い

年月を経て、日本の八百万神《やおよろずのかみ》の一柱になったとダメを押している。

同一紙面の中で、旧来の①、③の説と、それとは正反対の著者が本書の中で主張してきたものとほぼ同じ④、⑤、⑥の説が混在している。この記事を書いた記者は世間の常識となっている旧来の説を軽視するわけにもいかず、民衆の実像に即して立てられた新説を妄論として無視するわけにもいかず、ハムレットのような悩ましい立場に立たされている。「旧来説をとるべきか、新説をとるべきか、それが問題だ」。むろん両説をアウフヘーベン（止揚）する第三の説がみつかれば、それにこしたことはないのかもしれないが……。

カクレキリシタン信仰は、その教えもオラショも儀礼もかなり変容してしまっている。それでも形ある具象的なものはその強い信仰によって、おどろくほどいまだによく保たれているといってよい。しかし、形の中に込められた意味はまったくといってよいほど欠落しており、民衆の創意工夫を集めた日本的なものへと転化している。キリシタンへの改宗当初からその意味をほとんど知らなかったのであるから自然な帰結というべきである。

彼らが守り通してきたのは、先祖が大切に伝えてきた、キリシタンという名で呼ばれてきたものであったが、それは真正なキリスト教という意味でのキリシタン信仰ではなかった。キリシタンと呼ばれるものがなんなのか、先祖自身よくわかっていなかった。今日まで伝えられてきたものは、日本の伝統的な神仏信仰の上に、キリシタンという名のありがたい神が付け加えられた先祖伝来の「異宗」であった。

読者の皆さんは、本書はまわりくどく、繰り返しの多い文章だなという印象を持たれたことと思う。「仏教を隠れ蓑《みの》として、その信仰を守り通した」というキャッチフレーズは、くり返し私たちの耳を通り過ぎていくうちに、いつのまにか「幻想の真実化」現象がうまれ、疑う余地もないほど明白な史実として、すっかり私たちの意識の中に定着してしまっている。

ならば本書では、「民衆キリシタンはキリスト教徒ではなく、伝統的な神仏信仰の上に、キリシタンという神もあわせて拝む、典型的な日本の民俗宗教」というフレーズをくり返すことによって、夢とロマンの呪縛《じゅばく》から解き放たれることができはしないかと考えたからである。

本書の執筆にあたり、「夢とロマンの幻想世界」から目を覚まし、常識という偏見にとらわれない自由な眼差《まなざ》しで、実像の歴史を明らかにしていくことの大切さを、その著作をもって示していただいた慶應義塾大学名誉教授高瀬弘一郎先生、また東京大学名誉教授五野井隆史先生の諸労作には特記して厚くお礼を述べたい。

三〇年来親しくお付き合いをいただいてきた、長崎県下各地のカクレキリシタン信徒の皆さま、調査にご協力いただいた大勢の皆さまにも感謝の意を表したい。

また本書の出版に際し、スタート時点から校了まで、献身的に目配り、気配りをしていただいたＫＡＤＯＫＡＷＡの編集者堀由紀子さん、筆者ですら到底気付きえないようなところまで、針の穴を通すような緻密な作業をおこなってくださった校正担当の方には深くお礼申し上げたい。

最後に、同じ長崎市在住の芥川賞作家青来有一《せいらいゆういち》氏にいただいた大きな励ましの言葉に深謝しつつ氏の最新刊『小指が燃える』（文藝春秋、二〇一七年）におさめられた、「沈黙のなかの沈黙」の一節を引用して本書を閉じることにしたい。

「潜伏キリシタンの実体がどれほど素朴な土着の信仰であったとしても、今、教会に通う人々の信仰をなんら損なうものではない。私たちは、過去の、ありのままの『私』を静かに見つめてみるべきなのだ」

二〇一七年一一月

宮崎賢太郎

参考文献

A・ヴァリニャーノ著、松田毅一他訳『日本巡察記』東洋文庫二二九、平凡社、一九七三年
A・ヴァリニャーノ著、矢沢利彦他訳『日本イエズス会士礼法指針』キリシタン文化研究シリーズ五、キリシタン文化研究会、一九七〇年
A・ヴァリニャーノ著、家入敏光訳編『日本のカテキズモ』天理図書館、一九六九年
A・ヴァリニャーノ著、高橋裕史訳『東インド巡察記』平凡社、東洋文庫七三四、二〇〇五年
ロペス・ガイ著、井手勝美訳『キリシタン時代の典礼』キリシタン文化研究シリーズ二四、キリシタン文化研究会、一九八三年
ロペス・ガイ著、井手勝美訳『十六世紀キリシタン史上の洗礼志願期』キリシタン文化研究シリーズ八、キリシタン文化研究会、一九七三年
ヨゼフ・シュッテ編、佐久間正・出崎澄男訳『大村キリシタン史料　アフォンソ・デ・ルセナの回想録』キリシタン文化研究会、一九七五年
シュールハマー著、神尾庄治訳『山口の討論』新生社、一九六四年
大塚光信校注『懺悔録』岩波文庫、一九八六年（原著　コリャード著、ローマ、一六三二年刊）
レオン・パジェス著、吉田小五郎訳『日本切支丹宗門史』岩波文庫、上中下三巻、一九三八年（原著パリ刊、一八六九―一八七〇年）
岸野久「フランシスコ・ザビエルの日本布教構想」（岸野久・村井早苗編『キリシタン史の新発見』雄山閣）一九九六年
岡田章雄『キリシタン風俗と南蛮文化』思文閣、一九八三年
シュタイシェン著、吉田小五郎訳『キリシタン大名』乾元社、一九五二年

結城了悟『キリシタンになった大名』キリシタン文化研究会、一九八六年
坂元正義『日本キリシタンの聖と俗　背教者ファビアンとその時代』名著刊行会、一九八一年
末木文美士編『妙貞問答を読む　ハビアンの仏教批判』法藏館、二〇一四年
イザヤ・ベンダサン著、山本七平訳編『日本教徒―その開祖と現代知識人』角川書店、一九七六年
山本七平『受容と排除の軌跡』主婦の友社、一九七八年
越中哲也編『長崎拾芥・華蛮要言』純心女子短期大学、一九八八年
田北耕也校柱「天地始之事」（『キリシタン書・排耶書』日本思想大系二五、岩波書店）一九七〇年
藤野保・清水紘一編『大村見聞集』高科書店、一九九四年
「浦上異宗徒一件」（『日本庶民生活史料集成　第十八巻　民間宗教』三一書房）一九七二年
葛井義憲『キリスト教士着化論』朝日出版社、一九七九年
フランシスク・マルナス著・久野桂一郎訳『日本キリスト教復活史』みすず書房、一九八五年
浦川和三郎『切支丹の復活　前篇』日本カトリック刊行会、一九二七年
姉崎正治『切支丹伝道の興廃』同文館、一九三〇年
ルイス・フロイス著、松田毅一・川崎桃太訳『日本史』全十二巻、中央公論社、一九七七―八〇年
ルイス・フロイス著、岡田章雄訳注『日欧文化比較』大航海時代叢書一一、岩波書店、一九六五年
海老沢有道・岸野久校註「ドチリイナ・キリシタン」（海老沢有道他編著『キリシタン教理書』キリシタン研究第三〇輯、教文館）一九九三年
高瀬弘一郎『キリシタン時代の研究』岩波書店、一九七七年
高瀬弘一郎『キリシタンの世紀』岩波書店、一九九三年
五野井隆史『日本キリスト教史』吉川弘文館、一九九〇年
五野井隆史『日本キリシタン史の研究』吉川弘文館、二〇〇二年
五野井隆史『キリシタン信仰史の研究』吉川弘文館、二〇一七年

清水紘一『キリシタン禁制史』教育社、一九八一年
井手勝美『キリシタン思想史研究序説』ぺりかん社、一九九五年
東馬場郁生『きりしたん史再考 ―信仰受容の宗教学―』グローカル新書、二〇〇六年
大橋幸泰『潜伏キリシタン　江戸時代の禁教政策と民衆』講談社選書メチエ、二〇一四年
大橋幸泰『近世潜伏宗教論 キリシタンと隠し念仏』校倉書房、二〇一七年
太田淑子編『日本史小百科 キリシタン』東京堂、一九九九年
長崎地方文化史研究所編『プチジャン司教書簡集』純心女子短期大学、一九八六年
高木慶子『高木仙右衛門に関する研究』思文閣、二〇一三年
桜井徳太郎『講集団成立過程の研究』吉川弘文館、一九六二年
桜井徳太郎『神仏交渉史研究』吉川弘文館、一九六八年
柳東植著、金忠一訳『韓国の宗教とキリスト教』洋々社、一九七五年
崔吉城「私とキリスト教」（『東洋経済日報』〈随筆〉二〇一〇年三月一二日）
古野清人『古野清人著作集五 キリシタニズムの比較研究』三一書房、一九七三年
古野清人『隠れキリシタン』至文堂、一九六六年
ムンシ ロジェ ヴァンジラ『カトリックへ復帰した外海・黒崎かくれキリシタンの指導者 村上茂の伝記』聖母の騎士社、二〇一二年
中園成生『かくれキリシタンとは何か』弦書房、二〇一五年
『長崎県のカクレキリシタン』長崎県教育委員会、一九九九年
宮崎賢太郎「カルロ・スピノラの都・長崎よりの三書簡」（『純心女子短期大学紀要第二一集』、純心女子短期大学）一九八四年
宮崎賢太郎「アジア諸国のキリスト教受容」（荒野泰典他編『アジアのなかの日本史 V 自意識と相互理解』東京大学出版会）、一九九三年

宮崎賢太郎『カクレキリシタンの信仰世界』東京大学出版会、一九九六年
宮崎賢太郎『カクレキリシタン　オラショ―魂の通奏低音』長崎新聞社、二〇〇一年
宮崎賢太郎『カクレキリシタンの実像―日本人のキリスト教理解と受容―』吉川弘文館、二〇一四年
遠藤周作『沈黙』新潮社、一九六六年
遠藤周作『母なるもの』新潮社、一九七一年
遠藤周作「異邦人の苦悩」（西野孝男『別冊新評　遠藤周作の世界』新評社）一九七三年
遠藤周作『深い河』講談社、一九九三年
ジョン・ヒック著、間瀬啓允訳『宗教多元主義　増補新版』法藏館、二〇〇八年
高橋富雄『義経伝説　歴史の虚実』中公新書、一九六六年
松井圭介「観光戦略としてのキリシタン：宗教とツーリズムの相克」（『人文地理学研究』）二〇〇六年
関一敏『聖母の出現　近代フォーク・カトリシズム考』日本エディタースクール出版部、一九九三年
山本博文『殉教　日本人は何を信仰したか』光文社新書、二〇〇九年
池上良正『悪霊と聖霊の舞台　沖縄の民衆キリスト教に見る救済世界』どうぶつ社、一九九一年
池上良正『近代日本の民衆キリスト教　初期ホーリネスの宗教学的研究』東北大学出版会、二〇〇六年
岡美穂子「長崎外海のカクレキリシタン信仰に見る托鉢修道会の布教活動」（杉本良男編『キリスト教文明とナショナリズム　人類学的比較研究』風響社）二〇一四年
鵜飼秀徳『寺院消滅』日経ＢＰ社、二〇一五年
浅見雅一・安廷苑『韓国とキリスト教』中公新書、二〇一二年
石井研士『増補改訂版　データブック　現代日本人の宗教』新曜社、二〇〇八年
『カトリック教会現勢　二〇一四年』カトリック中央協議会、二〇一五年
『ベネディクト16世　黙想と祈りによる十字架の道行』女子パウロ会、二〇〇六年
「〝西洋的・知的〟なキリスト教から〝日本〟のキリスト教へ　日本におけるキリスト教宣教の分析と三

つの提案」（『クリスチャン トゥデイ 二〇一四年二月二四日』抜粋）
青来有一「沈黙のなかの沈黙」（『小指が燃える』文藝春秋社）二〇一七年
『週刊朝日』朝日新聞社、平成二六年一〇月三日号
原武史・奥泉光「『皇后考』刊行記念特別対談　皇后たちの祈りと神々」（『本』講談社、二〇一五年四月号
クリスチャン　トゥデイ「キリスト教は今やアフリカの宗教に」二〇一一年一二月二七日

装丁　坂詰佳苗
図版　フロマージュ

本書は書き下ろしです
特に表記のない限り、写真は著者が撮影したものです

宮崎賢太郎（みやざき　けんたろう）
1950年、長崎市生まれ。東京大学文学部宗教学宗教史学科卒業。同大学院人文科学研究科修士課程中退。純心女子短期大学教授などを経て、長崎純心大学人文学部教授。2016年３月退官。キリシタン時代から現在まで、日本人のキリスト教の受容と変容のあり方を追求。カクレキリシタンたちが暮らす地域でのフィールドワークも続けている。著書に『カクレキリシタン』（角川ソフィア文庫）、『カクレキリシタンの信仰世界』（東京大学出版会）、『カクレキリシタンの実像』（吉川弘文館）など。

潜伏《せんぷく》キリシタンは何《なに》を信《しん》じていたのか

2018年２月22日　初版発行
2018年５月25日　再版発行

著者／宮崎賢太郎《みやざきけんたろう》

発行者／郡司 聡

発行／株式会社KADOKAWA
〒102-8177　東京都千代田区富士見2-13-3
電話　0570-002-301（ナビダイヤル）

印刷所／旭印刷株式会社

製本所／本間製本株式会社

KADOKAWAカスタマーサポート
［電話］0570-002-301（土日祝日を除く11時～17時）
［WEB］http://www.kadokawa.co.jp/（「お問い合わせ」へお進みください）
※製造不良品につきましては上記窓口にて承ります。
※記述・収録内容を超えるご質問にはお答えできない場合があります。
※サポートは日本国内に限らせていただきます。

定価はカバーに表示してあります。

ISBN 978-4-04-400345-6　C0039